과학×상상력 충전 프로젝트

곽재식의 괴물 과학 수사대 2

글쓴이 **곽재식**

공학 박사이자 SF 소설가, 숭실사이버대학교 환경안전공학과 교수. 한국 전통 괴물들을 소개한 《한국 괴물 백과》《괴물, 조선의 또 다른 풍경》, 과학 논픽션《지구는 괜찮아, 우리가 문제지》《그래서 우리는 달에 간다》《휴가 갈 땐, 주기율표》, 어린이를 위한 동화《고래 233마리》, 청소년 논픽션《곽재식의 미래를 파는 상점》《괴물 과학 안내서》, 소설《빵 좋아하는 악당들의 행성》《ㅁㅇㅇㅅ》 등 수많은 책을 썼습니다. '김영철의 파워FM' 등 여러 방송에서 "얼마나 신기합니까!"라고 외치며 과학 지식을 바탕으로 세상의 모든 호기심을 집요하게 파헤치고 있습니다.

글쓴이 **강민정**

재미있는 이야기를 쓰는 데 온 열정을 쏟는 동화 작가. 2017년《환상 해결사》로 제2회 No. 1 마시멜로 픽션 우수상을 받았습니다. 우리 옛이야기 소재를 담은 참신한 판타지로 열렬한 팬 층을 확보한 〈환상 해결사〉 시리즈를 계속 이어 가고 있습니다.

그린이 **박그림**

만화가이자 일러스트레이터. 이상하고 아름다운 만화를 만들어 왔습니다.

곽재식 · 강민정 글 | 박그림 그림

과학×상상력 충전 프로젝트

곽재식의 괴물 과학 수사대 2

괴물보다 무서운 괴물

위즈덤하우스

괴물의 정체를 추적하고 파헤치는 사람들의 이야기

무섭고 이상한 이야기, 알 수 없는 괴물에 관한 소문은 우리를 궁금증과 호기심에 빠지게 만듭니다. 바로 거기에 재미의 뿌리가 있기에, 괴물 이야기를 즐기는 가장 멋진 방법은 그 이상한 대상의 정체가 무엇인지 추측하고 상상해 보는 것이라고 생각합니다. '그건 그냥 전설로 내려오는 사나운 괴물이야.'라는 말을 그대로 받아들인다면 괴물 이야기가 품은 신비하고 짜릿한 재미를 놓치게 됩니다. 새로운 상상, 새로운 과학 기술을 이용해서 괴물의 정체를 다각도로 밝혀 보면, 괴물 이야기는 더욱 풍부해집니다. 괴물 이야기가 유행하고 있는 사회의 모습이 드러나기도 하고, 괴물 이야기가 사람들에게 퍼져 나갈 수 있었던 다양한 조건에 대해서도 관심을 가져 볼 수 있습니다.

이 책에서는 바로 그렇게 괴물 이야기를 가장 깊게 즐길 수 있도록, 괴물의 정체를 추적하고 파헤치는 사람들의 이야기를 담아 보았습니다. 어린이들이 옛 기록에 짤막하게 등장한 괴물을 신나는 모험 속에서 다채롭게 경험할 수 있는 책을 만들고자 노력했습니다. 지금 그 노력의 결과를 보니, 저는 상당히 훌륭하다고 감히 평하고 싶습니다. 함께 애써 주신 강민정 작가님께 특별한 감사의 말을 덧붙입니다.

곽재식

읽는 즐거움!
상상하는 즐거움!

저는 전래 동화를 좋아하는 아이였습니다. 그중에서도 특히 괴물이 등장하는 오싹오싹한 전래 동화를 좋아했어요. 〈은혜 갚은 까치〉에 나오는 '사람으로 변신하는 구렁이', 밤마다 동물의 간을 빼먹는 무시무시한 '여우 누이'……. 이야기 속 괴물들은 어쩌면 이렇게 신기하고 매력적일까요? 저는 그 괴물들이 등장하는 다른 이야기를 상상해 보곤 했습니다. 변신 구렁이가 복수에 성공하는 이야기, 여우 누이가 '간을 먹어야만 하는 운명'을 벗어나기 위해 노력하는 이야기를 말이에요. 이런 끝없는 상상들이 오늘날 저를 작가로 만들어 주었습니다.

괴물 이야기는 어린이들에게 읽는 즐거움과 상상하는 즐거움을 알려 줍니다. 어린 시절의 제가 그랬듯, 새로운 괴물 이야기를 만들면서 끝없이 사고를 확장시키도록 도와주죠.

이번에 《곽재식의 괴물 과학 수사대》를 작업하면서 꼭 어린 시절로 돌아간 느낌이었습니다. 그때는 몰랐던 새로운 '한국 괴물'을 알게 되면서 설렜어요. 괴물 이야기를 과학의 시선으로 살펴볼 수도 있어서 흥미로움이 더욱 커졌지요. 분명 이 책을 읽고 자신만의 괴물 이야기를 만들 친구들이 있으리라 생각합니다. 여러분의 특별한 괴물 이야기를 기대합니다!

강민정

등장인물

박다희

초등학교 6학년생. 날카로운 추리력과 풍부한 과학 지식으로 사건을 해결해 괴물 팀 에이스로 거듭난다.

이아영

엉뚱하고 허술하지만 엄청난 신체 능력의 소유자. 어머니의 실종 후 혼자가 된 다희에게 가족 같은 존재가 된다.

최기원

조용하고 신중한 성격의 특별 수사청 정보 지원 팀 엘리트 연구원. 다희와 아영을 은근히 편애한다.

차례

됐다!
다희 니이임~.
가자 가자! 달 토끼랑
우주선 발사장 가자!

빵 하나에 응모권 하나! 추첨을 통해 당첨됩니다! 달 기지 건설을 위한 첫 걸음을 함께해요!
아아아아앗!!! 아영 언니~!!!
한창 성장기에 빵만 먹는 건 그만해요! 응모권도 많이 모았으면서!
아직 열 장 조금 넘어요! 100장 모은 사람도 많다고요!

네에에에?
설마 다희 님도 빵을 100개나 먹으려고요?
생각해 보세요. 달 토끼 빵은 100만 개 판매를 앞두고 있어요. 한 달 누적 판매량이 100만 개면 응모 마감까지 600만 개의 빵이 팔려요. 근데 당첨자는 3000명이에요.
응모권 100장을 모은다고 해도 당첨자 3000명 중 한 명이 될 확률은 얼마 안 된다고요.
하, 하지만 다희 님!? 그동안 밥은 아예 안 먹을 거예요?

응모권만 챙기고 멀쩡한 빵을 버릴 순 없어요!
달 토끼 빵은 맛있으니까, 괜찮아!
괜찮지 않아.
100장이라……. 도와드릴게요, 다희 님.
네? 어떻게요?
특별수사청에 달 토끼 빵을 돌릴게요. 응모권은 달라고 하고요 그럼 90장은 모을 수 있어요. 합치면 100장이지요?
특별수사청 괴물 팀
공짜 빵은 그저 좋아요.
아영 언니이…….

빵 100개를 다희 님 혼자 어떻게 먹어요. 이제 밥 먹을 거죠?
이벤트 응모권
빵 안 먹으니까 너무 좋다.
그쵸?

아, 맞다. 다희 님! 주말에…….
갈게요!
괴물이 출몰하고 사건이 생기면 출동한다!
괴물 과학 수사대!!
정말 가고 싶었군요. 우주선 발사장.

사건 파일 1 노채충

사람 몸을 파먹는 무서운 벌레 괴물

이번에도 황당무계한 사건이었다. 충청도 어느 마을에 괴물 벌레가 나타나 저주를 내린다는 게 아닌가. 괴물 벌레가 생긴 이유는 더 황당했다. 마을 사람들이 풍수지리상 흉한 곳에 무덤을 만들어서 벌을 받은 거라고 했다.

'달 탐사 시대에 풍수지리에 저주라니…….'

다희는 말도 안 되는 이야기라고 생각했지만 달 토끼 빵의 은혜를 갚기 위해 군말 않고 아영을 따라나섰다.

털털털, 다희와 아영은 고물 차를 타고 사건 현장에 도착했다. 괴물 벌레의 저주가 내린 마을은 생각보다 훨씬 더 음산했다. 사방이 온통 진창이었고, 마을 곳곳에 쓰레기와 부서진 건물 잔해가 널려 있었다. 길에는 사람 한 명 보이지 않아 무슨 유령 마을 같았다.

"이게 무슨……."

흉흉하고 을씨년스러운 분위기에 다희는 오싹한 기분을 느꼈다. 아영도 눈살을 찌푸리며 당황했다.

"마을이 수해로 복구 중이라는 얘기는 들었는데……. 아직 복구가 끝나지 않았나 봐요. 사람들은 다 어디에 있을까요?"

얼마 전 충청도에 큰비가 내려 일부 지역이 피해를 입었다는 뉴스를 봤는데 이 마을도 그중 하나인 모양이었다.

"음……. 보통 이런 경우 학교 체육관 같은 데 임시 대피소가 생기잖아요. 다들 그런 데 계시지 않을까요?"

"그러게요. 공식 대피소가 있는지 알아볼게요."

다희의 말에 아영이 바로 휴대폰을 들었다. 주민 센터에 전화를 해 보는 것 같았다. 그동안 천천히 마을을 둘러보던 다희는 마을을 둘러싼 산 중턱에서 큰 건물 하나를 발견했다. 그 건물의 벽면에는 '긴급 대피소'라고 적힌 현수막이 걸려 있었다. 다희는 아영을 콕

찌르며 현수막을 가리켰고 두 사람은 마을 사람들을 찾아 서둘러 대피소로 향했다.

대피소는 산 중턱의 학교였다. 예상대로 학교 앞에는 마을 사람들이 모여 있었다. 그리고 아무리 봐도 마을 사람은 아닌 것 같은 사람도 한 명 있었다. 빨갛고 파랗고 노란, 무척이나 화려한 옷을 입은 무당이었다.

“어허~ 가엾은지고! 조상님 울음소리가 들리지 않느냐? 이 무지몽매한 자들 같으니! 이게 다 너희가 무덤을 잘못 쓴 탓이라!”

무당은 연극이라도 하는 듯 몹시 과장되고 카랑카랑한 목소리로 말을 이었다.

“이 재앙을 끝내려면 너희 모두 묘를 옮겨야 할 것이야. 안 그러면 수해뿐이 아니야! 지옥에서 온 괴물 벌레가 너희를 전부 죽게 할 게야!”

무당이 방울과 부채를 흔들며 앙칼지게 외치자 마을 사람들 모두 벌벌 떨며 무서워했다.

“아아……. 어떡해. 얼른 무덤을 옮겨야겠죠?”

“만신님이 말씀하신 곳으로 옮기려면 돈이 너무 많이 드는데……”

긴급 대피소

무당이 마을 사람들을 겁주는, 이 수상한 광경에 다희와 아영이 나섰다.

"잠깐! 특별수사청 이아영 수사관입니다. 그쪽은 뭔데 사람들을 겁주는 거죠?"

"뭐? 수사관?"

수사관이란 말에 무당이 잠깐 움찔했지만 언제 그랬냐는 듯 표정을 싹 바꾸고는 당당하게 외쳤다.

"누구냐니! 이 마을의 재앙을 막으러 온 귀인이지!"

아영과 무당 사이의 분위기가 심각해졌다. 팽팽하게 대치한 두 사람 사이로 연세 지긋한 할머니들이 끼어들었다.

"아이고, 공무원 나리. 이분은 수상한 분이 아닙니다. 이장님도 아시는 아주 유명한 만신님이세요."

만신? 처음 들어보는 말에 다희는 얼른 검색을 했다. 만신은 무녀를 높여 부르는 말이라고 했다.

'사람들이 만신이라 부를 정도니 꽤 신뢰를 받는 무당인 것 같

긴 한데……'

다희 눈엔 아무래도 사기꾼 같았다. 지나칠 정도로 화려한 의상도 사나운 말투도 모두 사람들을 자기 마음대로 휘두르기 위한 것 같았다.

"아니, 아무리 만신이라도……."

"쿨럭! 쿨럭!"

아영이 무당에게 무어라 말하려던 그때, 갑자기 마을 사람 중 몇 명이 심한 기침을 했다. 그러자 무당이 이때다 하고 다시금 눈을 부라리며 아영에게 호통을 쳤다.

"이것 봐라! 내 말에 토를 다니 저주가 내린 것 아니냐!"

"저주라니 그게 대체 무슨 말이냐고요."

"내가 없는 말을 하는 게 아니야. 이 마을의 무덤은 모두 저승문이 열린 아주 흉한 땅에 자리 잡고 있어. 그렇게 나쁜 묫자리를 썼기 때문에 지금 이 물난리도 나고, 괴물 벌레라는 흉한 악귀도 나온 거야. 무덤을 당장 내가 알려 준 명당자리로 옮겨야 돼!"

"아이고, 아이고……."

무당의 말에 마을 사람들이 가슴을 치며 울기 시작했다. 그들 중 몇 명은 아영에게 달라붙어 사정을 호소했다.

"만신님 말씀이 맞아요. 저기 뒷산에 괴물 나비들이 돌아다닌다고요. 그 나비가 콧속으로 들어오면 무서운 병에 걸려 죽습니다. 무슨 유명한 옛날 책에도 있는 말이에요."

"맞아요. 《광제비급》이라고 조선 시대 의학서에 그 얘기가 있습니다. 거기 보면 무덤에 호랑나비 같은 벌레가 가득하더니 얼마 안 가 그 집안사람들이 다 병에 걸려서 죽었다는 이야기가 있어요. 그게 노채라는 병인데 한번 걸리면 기력이 점점 빠져서 결국 죽는답디다."

"벌써 몇 명이나 그 병에 걸려서 기운도 빠지고 밤낮 없이 가래 뱉고 기침하고 있어요. 이대로 있으면 우리는 다 노채병에 걸려 죽고 말 거예요."

마을 사람들이 공포에 떨며 무서운 말들을 늘어놓았다. 거기에 힘을 얻었는지 무당도 다시 큰소리치기 시작했다.

"그래! 그뿐인 줄 아느냐? 그 괴물 벌레는 사람 몸에 들어가 장기를 파먹으면서 병을 옮기는데 어떤 장기를 먹는지에 따라 입 색깔이 다르지. 기름을 파먹으면 흰색이고, 살점하고 피를 먹으면 빨간색, 콩팥을 파먹으면 검은색이 돼. 벌레가 콩팥을 먹으면 그 사람은 이미 죽은 목숨이야. 그런데 지금 저 산에 날아다니는 벌레 색깔을 보라고. 날개는 검은색, 입은 빨간색이지. 살점하고 피를 먹은 그 벌레가 이제 곧 콩팥을 파먹으러 올 게야."

무당이 늘어놓는 무시무시한 말에 사람들은 모두 벌벌 떨기 시작했다. 다희가 듣기에도 오싹한 말이었다. 사람의 몸을 파먹는 나비라니! 그러나……. 덮쳐 오는 두려움을 이겨 내고 곰곰 생각해 보면 의심스러운 구석이 많았다.

지옥에서 온 괴물 벌레

사건 개요

수해 복구 중인 충청도의 한 마을에 괴물 벌레가 나타나 사람들을 죽음에 이르게 하는 저주를 내린다고 함.

제보 내용

- 무덤가에 붉은색 입을 가진, 섬뜩하게 생긴 검은 나비가 수십 마리씩 떼를 지어 날아다녀요.
- 우리 마을에 물난리가 나고, 괴물 벌레가 나온 건 저승 문이 열린 흉한 땅에 무덤을 썼기 때문입니다.
- 동네 사람 중 몇 명이 벌써 병에 걸려 쓰러졌어요. 우리 모두 죽고 말 거예요.

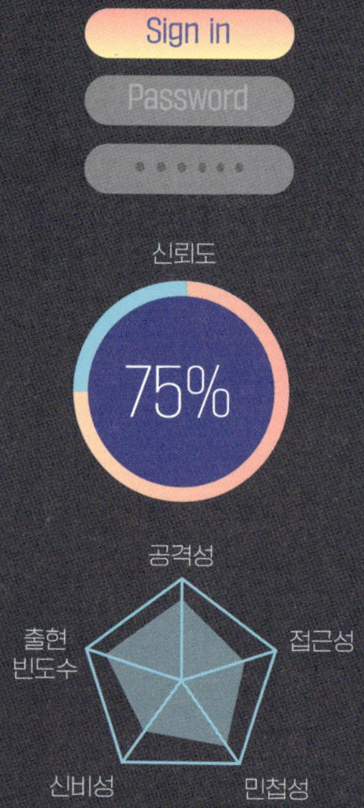

피해자

◆ 허약해 씨(68세, 마을 주민)
나물을 캐러 산에 갔다가 괴물 벌레를 본 뒤로 입맛을 잃고 자리에 누움. 밤낮으로 기침을 하고 가래를 뱉음.

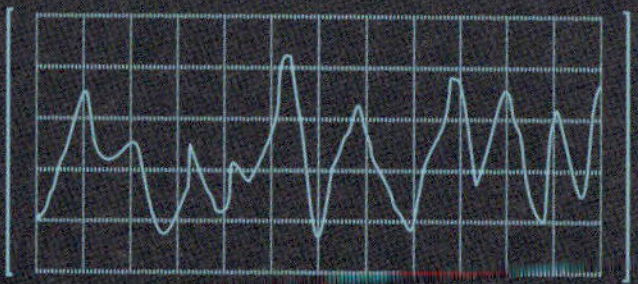

산에 수상한 나비들이 날아다니기 시작한 뒤로 사람들이 병에 걸려 겁에 질린 것은 그럴 만했다. 그러나 그게 정말 나비 때문일까? 수해를 겪고 면역력이 약해진 사람들이 자연스레 병에 걸렸다고 보는 게 더 말이 되지 않나? 생각을 정리한 다희는 몰래 무당의 사진을 찍어 정보 지원 팀 최기원 수사관에게 보냈다.

아영은 괴물 벌레가 진짜 있을까 봐 두려웠지만 일단 사람들의 불안을 해소해 주기로 했다. 직접 노채를 옮기는 괴물 벌레의 정체를 밝혀서 말이다.

"걱정 마세요. 저희가 괴물 벌레의 정체를 밝힐 거예요. 그러면 노채라는 병도 고칠 수 있고, 무덤을 옮길 필요도 없어요."

"뭐어?"

아영의 말에 무당이 대번에 못마땅한 눈치를 보였다. 하지만 아영과 다희가 동시에 째려보자 우물쭈물 입을 다물었다. 아영과 다희는 마을 사람들에게 나비가 나타난 곳에 대해 물은 뒤 그곳을 향해 곧장 출발했다.

두 사람은 검은 나비가 발견됐다는 뒷산을 씩씩하게 오르고 있었다. 40여 분 정도 지났을 때, 아영이 조금 겁먹은 기색으로 헤헤 웃으며 다희를 돌아봤다.

"자신 있게 정체를 밝히겠다고는 했는데……. 설마 진짜 괴물 벌레가 병을 옮기진 않겠죠?"

"에이. 나비라는데요, 뭐. 기껏해야 피부에 인분(나비의 날개 분비물)이 닿아서 알레르기나 생기는 정도겠죠."

"그래도요……. 조금 무서워요. 사실 나 그 《광제비급》이라는 책 찾아봤단 말예요. 무덤 안에 검은 나비가 득시글득시글……. 상상만 해도 소름 끼쳐요."

아영은 생각하니 또 오싹한지 부르르 몸을 떨며 어깨를 문질렀다. 다희도 아영의 말에 무덤 안의 나비를 상상해 봤다. 나비 수십 마리가 모여 있는 것까진 괜찮았는데 무덤이라는 장소를 생각하니 조금 무섭게 느껴졌다.

그때, 아영의 얼굴이 새하얗게 질렸다. 무슨 일인가 고개를 돌려 보니 아영의 시선 끝에 검은 나비 몇 마리가 폴폴 날아다니고 있었다.

"어?"

드디어 찾아 헤매던 괴물 벌레를 발견했다! 다희는 바로 나비가 있는 곳으로 뛰어갔다. 달려가 보니 나비 수십 마리가 뭉쳐 있는

게 보였다. 그 나비들은 정체불명의 구덩이를 가득 메운 채 바스락거리고 있었다.

"흡!"

예상치 못했던 광경에 다희는 순간 당황했다. 수십 마리 검은 나비가 한곳에 뭉쳐 있으니 얼핏 보면 나비가 아니라 크고 징그러운 괴물 같았다.

사사삭, 사사삭.

나비 날개 스치는 소리가 너무 끔찍해서 소름이 돋았다. 게다가 그 나비들의 입은 무당의 말처럼 새빨갰다. 무당의 말이 사실이라면 사람의 살점과 피를 파먹던 나비인 것이다.

잠깐 굳었던 다희는 곧 정신을 차리고 휴대폰으로 사진을 찍기 시작했다.

찰칵, 찰칵.

두 장 정도 찍었을 무렵, 검은 나비 한 마리가 다희의 코끝에 앉았다. 그때 막 다희 곁으로 온 아영이 그 모습을 보고 새된 비명을 질렀다.

“꺄아아! 위험해요! 다희 님!”

그러더니 번개처럼 코에 앉은 나비를 털어 내고 다희를 번쩍 들어 어깨에 걸쳐 멨다.

“아, 잠깐, 잠깐만요. 언니!”

“빨리 병원 가요! 병원!”

아영은 그대로 산을 뛰어 내려갔다. 다희는 들려 가면서도 마지막까지 사진을 찍고 또 찍었다.

올라갈 땐 40분이나 걸렸는데 뛰어 내려오니 20분도 채 걸리지 않았다. 대피소에 도착한 다희는 속이 울렁거리는 걸 참고 휴대폰에 저장된 괴물 벌레 사진을 최기원에게 보냈다.

그런데 대피소의 분위기가 이상했다. 사람들이 대피소 정문 앞에 모여 있었고, 그 앞에 경찰차도 보였다.

"이게 무슨 일이죠?"

아영은 다희를 내려 주고 상황 파악에 나섰다. 다희는 어지러움 탓에 좇아가지 못하고 잠깐 주위를 살폈다. 사람들 사이에 그 무당이 보였다. 아까의 기세등등한 모습은 온데간데없이 고개를 숙인 채 경찰들 사이에 선 초라한 모습이었다.

그때, 다희의 전화벨이 울렸다. 정보 지원 팀 최기원이었다.

"네. 기원 아저씨."

다희 님! 사진 보내 줘서 고마워요. 무당 사진을 범죄자 명단에서 조회해 보니 전과 6범의 사기꾼이더라고요. 마을 이장과 짜고 쓸모없는 땅을 명당이라고 속여서 비싸게 팔려고 한 것 같아요.

"아, 정말요?"

다희는 깜짝 놀라 되물었다. 하긴 정말 수상하긴 했다. 수해로 지친 사람들을 몰아세우는 것부터 틀림없이 다른 꿍꿍이가 있는 것처럼 보였기 때문이다.

네. 그리고 경찰 분들께 아픈 사람들 얘기도 들었어요. 기록을 찾아보니 마을 사람들이 말하는 노채는 결핵이었어요. 수해 때문에 면역력이 약해져서 결핵이 돈 거죠. 곧 사람들을 검사하기 위해 구급차가 갈 거예요. 두 사람도 혹시 모르니 검사 받아요.

'아! 노채는 결핵이었구나!'

결핵은 사람의 침이나 콧물 같은 호흡기 분비물로 전염되는 무서운 병이다. 수해로 사람들이 대피소에 모여 지내니 빠르게 전염된 모양이었다. 다희는 얼른 아영의 곁으로 가 사람들에게 노채의 진실을 말해 주었다.

깜짝 놀란 사람들이 병원에 갈 짐을 챙기러 흩어지자 최기원에게서 문자가 왔다. 그 문자에는 작은 나비 사진이 담겨 있었다.

"어? 이게 뭐지?"

사진을 자세히 보니, 아니 이게 무슨 일인가. 아까 본 괴물 벌레가 떡하니 박혀 있는 게 아닌가. 놀란 다희가 아영에게 휴대폰을 넘겨 준 그때, 기원에게서 다시 전화가 왔다.

"네, 기원 씨."

아영이 헤실헤실 웃으며 전화를 받았다. 스피커폰으로 받아서 다희도 그 내용을 들을 수 있었다.

네, 아영 씨. 다희 님이 사진을 보내 줘서 괴물의 정체를 알 수 있었어요. 찾아보니 그건 지옥에서 온 괴물 벌레가 아니라 먹그림나비라는 이름의 평범한 나비였어요. 나비들이 무덤이나 구덩이 같은 데 모여 있었던 건 동물 사체에서 염분을 얻으려고 한 게 아닐까 싶어요. 수해가 있었으니 땅에 묻어 뒀던 개나 고양이 시체가 드러났을 테고, 나비들은 거기 있는 염분을 먹고 있었던 거죠.

“아하, 그렇군요. 역시 기원 씨! 빠른 조사 감사합니다!”

뭘요. 결국 모든 건 사기꾼의 수작일 뿐이었어요. 어서 주민들을 안심시켜 주세요.

두 사람 옆에서 귀를 쫑긋 세우고 기원의 말을 듣고 있던 주민들이 이곳저곳에서 안도의 한숨을 쉬었다. 더러는 마을 이장과 무당의 멱살을 잡는 사람도 있었다. 조금 소란스러워졌지만, 그래도 괴물 나비 사건은 잘 해결됐다. 달 토끼 빵 응모권을 모아 준 아영에게 보답하는 마음으로 쫓아오긴 했지만 뿌듯하기도 하고 배운 것도 많은 사건이었다. 다희는 긴 한숨을 내쉬며 운동장 한편에 있는 그네에 앉았다.

그나저나 이번 우주선 발사장 응모에 당첨될 수 있을까? 다희는 소란 속에서 멍하니 하늘을 보았다. 그러고는 우주선에 탄 자신의 모습을 상상했다. 저 머나먼 우주에선 괴물 벌레나 무덤 같은 건 하나도 보이지 않겠지. 그저 파랗고 또 파란 지구와 무수한 별들만 보일 것이다. 그건 얼마나 아름다운 광경일까.

지옥에서 온 **괴물 벌레**가 있다?

사람 몸을 파먹는 무서운 벌레?

조선 후기 정조 때 편찬된 의학서 《광제비급》에는 노채충이라는 벌레가 사람 콧속으로 드나들며 심각한 폐병을 옮긴다는 이야기가 나옵니다. 노채는 중국 의학 기록에 나오는 질병인데요. 이 병이 벌레에 의해 옮겨진다고 여겼기 때문에, 조선에도 폐병을 옮기는 노채충 이야기가 퍼지게 된 것이지요.

《광제비급》 기록에 따르면 노채충은 사람 콧속으로 들어가 그 사람의 몸을 파먹으며 기생하다가 다른 사람의 몸으로 옮겨 간다고 해요. 즉 노채는 사람에서 사람으로 옮겨지는 전염병이라는 의미입니다. 의학이 발달하지 않았던 옛날에는 전염병이 돌면 수많은 사람들이 죽어 나갔습니다. 그렇기 때문에 전염병이 하늘이 내린 벌이고, 풍수지리를 거슬러서 그런 벌을 받았다고 생각하는 것은 자연스러운 일이었지요. 한편 옛날 사람들이 노채를 벌레와 연관 지은 까닭은 아마도 이 병으로 죽은 사람들의 시체 주변에 벌레들이 모여들었기 때문이 아닐까 합니다. 실제로 《광제비급》에 기록된 전설에 따르면 평안남도 강동에 살던 이 씨가 병에 걸려 죽은 사람들의 무덤을 파 보니 그 속에 호랑나비 같은 벌레가 가득했다고 해요.

대개 사람이 죽으면 땅속 깊이 매장을 하지요. 그런데 전염병이 돌아 갑자기 많은 사람들이 죽은 경우에는 어떨까요? 아마 사람을 묻을 땅도,

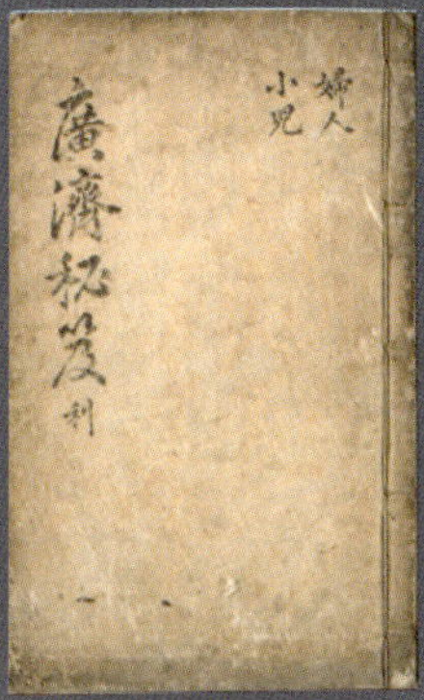

1790년에 의학자 이경화에 의해 편찬된《광제비급》에는 사람 몸속에 들어가 몸을 파먹으며 기생하는 노채충이라는 벌레에 대한 기록이 나옵니다. 이 벌레는 두꺼비 같기도 호랑나비 같기도 하며, 말 꼬리와도 닮았다고 합니다. 노채충에 대한 기록은《동의보감》에도 실려 있습니다.

땅을 팔 사람도 부족했을 거예요. 그래서 시체가 얕게 묻히거나 지면에 그대로 방치되는 경우가 많았겠지요. 이때 그 시체 주위에 몰려든 벌레를 본 사람들은 그 벌레가 병을 옮긴다고 생각했을 수 있어요.

수많은 사람을 죽음으로 이끄는 무서운 질병, 그리고 시체 주변을 가득 메운 무시무시한 벌레들. 바로 여기서 사람 몸을 파먹는 지옥에서 온 괴물 벌레의 이야기가 생겨난 것이 아닐까 합니다.

시체를 찾는 곤충의 비밀

코끼리 똥에 몰려든 나비떼

죽은 동물의 피를 마시는 나비

곤충들이 동물의 시체 주변에 몰려드는 이유는 무엇일까요? 가장 큰 이유는 물론 시체에서 필요한 영양소를 섭취하기 위해서예요. 《광제비급》에 나온 나비의 경우를 보면, 나비는 꽃꿀뿐 아니라 살아 있는 동물의 체액이나 시체에서 흐르는 피, 심지어는 배설물과 진흙까지 즐겨 먹는다고 해요.

나비는 동물의 체액을 통해 염분을 섭취하는데요. 나비도 사람처럼 염분을 섭취해야만 원활한 신진대사가 가능하기 때문입니다. 진흙이나 동물들의 배설물을 먹는 이유도 염분과 아미노산, 단백질, 질소 등을 섭취하기 위해서지요.

특히 수컷 나비들은 암컷을 유혹하는 페로몬을 만드는 데 염분과 아미노산을 사용하기 때문에 이것들이 풍부한 동물의 피와 배설물을 특히 좋아한다고 합니다.

나비 외에도 시체에 몰려드는 곤충은 많습니다. 가장 먼저 시체를 찾는 여러 종류의 파리, 파리를 잡아먹기 위해 몰려드는 말벌과 개미, 시체와 관련된 이름까지 얻은 송장벌레 등이 대표적이지요.

호기심 과학 Q&A

나비가 살아 있는 사람의 피도 먹나요?

나비가 살아 있는 동물의 체액을 먹는 경우는, 악어나 거북의 눈에 고인 눈물이나 사람을 포함한 여러 동물의 땀을 먹는 정도입니다. 피를 먹는 건 상처 입거나 죽은 동물에게서 흘러나온 것을 후루룩 빨아 먹는 경우이지요. 나비는 뾰족한 침을 가진 모기와는 달리 긴 빨대처럼 생긴 주둥이를 가지고 있어서 두꺼운 피부를 뚫고 피를 빨 수는 없습니다.

거북의 눈물을 빨아먹는 나비예요. 눈물을 빨린다고 해서 거북에게 해가 되는 것은 아니에요. 나비에게는 염분이 많은 눈물이 유용한 양식이 되지요.

나비가 병을 옮기기도 하나요?

곤충이 옮기는 대부분의 질병은 모기나 진드기, 벼룩처럼 주둥이로 피부를 뚫고 흡혈을 하는 종에 의해 생깁니다. 따라서 나비 때문에 심각한 병을 얻게 될 확률은 낮아요. 다만 나비의 날개를 덮은 분비물(인분)이 때때로 피부나 호흡기에 알레르기 반응을 일으키기 때문에 나비를 만졌다면 최대한 빨리 씻어 내는 편이 좋습니다.

푸른색이 섞인 검은 바탕에 흰 줄무늬가 아름다운 먹그림나비예요. 나비의 무늬는 인분에 의해 결정된다고 합니다.

사건 파일 2

인어

인천 앞바다에 나타난 신비한 생명체

다희와 아영은 휴일을 맞아 함께 영화관에 왔다. 새로 개봉한 다큐멘터리 영화 〈고래 이야기〉를 보기 위해서였다. 고래들의 삶을 그린 〈고래 이야기〉는 귀여운 광고로 장안의 화제였다. 그래서 가벼운 마음으로 왔는데……. 상영관 안은 눈물바다였다.

어미는 배를 따라가면 죽는다는 걸 알고 있습니다. 그러나 먼저 잡힌 새끼를 포기할 수 없는 어미는 죽을 걸 알면서도 사냥꾼의 배를 쫓습니다.

"어흑. 어흑. 어억. 어어어어어억……."

다희도 아영도 어미 고래가 사냥꾼의 배를 쫓는 모습에 오열했다. 너무 울어서 퉁퉁 부은 얼굴로 영화관을 나오는 두 사람의 휴대폰이 동시에 울렸다. 특별수사청에서 온 문자였다.

> 인천에 인어 사냥 발생. 괴물 팀 이아영 수사관, 특수 능력자 박다희 님 출동 바랍니다.

"인어 사냥?"

두 사람의 눈에 불이 번쩍 켜졌다. 이제 막 끔찍한 고래 사냥 다큐멘터리를 보고 나온 직후라 사냥이라는 단어에 민감할 수밖에 없었다. 그 순간 다희에게 인어가 실존하는지 아닌지는 중요하지 않았다. 억울한 동물이 사냥당하고 있다는 사실만으로도 꼭 출동해야만 했다.

"당장 인천으로 가요, 언니! 가서 인어들을 구하자고요!"

"네! 인어야, 기다려! 우리가 간다!"

두 사람은 어깨에 힘을 바짝 넣은 채 주차장으로 달려갔다.

과연 인천 앞바다는 인어를 잡아 한몫 잡으려는 사람들로 북적였다. 낯선 사람들이 작살과 그물을 들고 동네방네 설치고 다니는

통에 분위기는 영 좋지 않았다. 어부들의 일에도 방해가 되고 해수욕하러 온 관광객들도 불편해 하는 상황이었다. 흉흉한 분위기 속에서 다희와 아영은 인어를 처음 목격했다는 사람을 만나러 갔다.

인어를 처음 목격한 사람은 근처에 사는 대학생으로, 스쿠버다이빙이 취미인 여학생이었다. 그 학생은 다희와 아영을 만나자마자 반짝이는 눈빛으로 처음 인어와 마주쳤던 순간에 대해 이야기해 주었다.

"두 달 전 주말이었어요. 평소처럼 바다에 스쿠버다이빙을 하러 갔는데, 갑자기 산소통이 고장 난 거예요. 산소가 끊겨서 나오지 않았어요. 엄청 당황했지만 어떻게든 물 밖으로 빠져나가려고 했는데……. 결국 몸에 힘이 빠지고 정신이 희미해지기 시작했죠. 바로 그때 인어가 나타났어요."

다희는 진실해 보이는 대학생의 눈빛을 보면서 속으로는 다른 생각을 했다. 정신을 잃어 가던 순간 나타난 인어라니. 뇌에 산소가 부족해서 환영을 본 게 아닐까 의심스러웠던 것이다. 하지만 다희는 내색하지 않고 계속 그녀의 이야기를 들었다.

"분명 물고기 같은 건 아니었어요. 제대로 보진 못했지만……. 굉장히 귀여운 인상의 아저씨였죠. 깊은 바닷속에서 산소통도 안

멘 맨몸으로 자유롭게 헤엄치는 모습을 보고는 인어라는 걸 알았어요. 그때 인어 아저씨가 저를 물 밖으로 밀어 올려 줬어요. 덕분에 저는 죽지 않을 수 있었고요. 그때 찍힌 사진도 있어요. 잠수 마스크 카메라에 찍힌 건데요. 이것 좀 보세요."

대학생이 내민 휴대폰 사진에는 분명 사람 같은 무언가가 찍혀 있었다. 너무 어두워서 잘 보이지는 않았지만, 확실히 물고기와는 다른 무언가였다. 사람 정도의 크기에 지느러미가 아닌 팔다리 같은 것이 달려 있었다. 얼굴에는 두 눈과 입, 수염까지 보였다. 대학생 말처럼 둥글둥글 귀여운 인상의 아저씨 같았다.

대학생은 그 사진을 보며 한숨을 푹 쉬더니 인어 사냥이 시작된 이유를 말해 주었다.

"저는 그냥 그 인어 아저씨를 만나서 감사 인사를 드리고 싶었어요. 인어가 뭘 먹는지는 모르겠지만 밥이라도 사 드리고 싶어서요. 제 생명의 은인이니까요. 그래서 그날 이후로 계속 주변 바다를 살폈는데……. 제가 매일 인어를 찾는다고 잠수를 하니까 소문이 난 거예요. 인천에 인어가 나타났다고. 게다가 바닷가 주변 감시 카메라에도 인어 비슷한 형체가 찍혔다더라고요. 그 뒤로 인어 소문이 일파만파 퍼진 거고요."

"아, 그래서 전국에서 사람들이 몰려든 거군요."

"네. 알아보니 인어는 천연기념물도 아니고 정부에서 정한 보호동물도 아니라 사냥을 해도 불법이 아니라고 하더라고요. 그래서 마음이 너무 안 좋아요. 사냥꾼을 잔뜩 불러와 인어 아저씨를 위험하게 하고 바다까지 이렇게 소란스럽게 만들었으니……."

대학생은 자책하며 고개를 숙였다. 아영과 다희는 그 학생을 위로하며 등을 두드려 주었다. 감사 인사를 하려는 대학생에게는 잘못이 없다. 잘못은 일확천금을 노리고 몰려와 동네 사람들에게 불편을 주고 인어의 삶을 위협하는 사냥꾼들에게 있었다.

"걱정 마세요. 인어가 정말 있다면 저희 괴물 팀에서 찾아서 책임지고 보호하겠습니다."

"정말요? 꼭 좀 부탁드릴게요."

인천 인어 사냥 사건

Sign in

Password

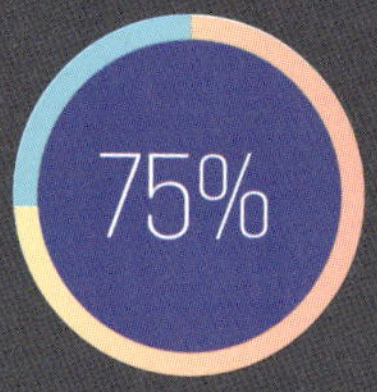

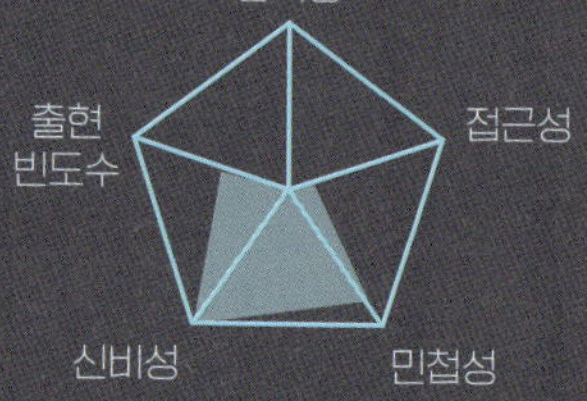

사건 개요

인천의 한 바닷가에서 스쿠버다이빙을 하던 대학생이 인어를 목격한 후 주변 감시 카메라에도 인어와 유사한 형체가 찍혀 인어 사냥꾼들이 몰려듦.

피해자

◆ 강태공 씨(57세, 어부)

인어 사냥꾼들이 마을의 배를 모두 빌려 가서 일주일 넘게 물고기를 잡으러 나가지 못함.

제보 내용

- 깊은 바닷속에서 산소통도 없이 자유롭게 헤엄치는 모습. 선명한 두 눈과 입, 수염까지 틀림없는 인어였어요.
- 낚싯배에 달아 놓은 카메라에 인어의 형체가 잡혔어요. 인어가 있다더니 진짜구나, 월척이다 싶었죠. 틀림없이 사람 형상이었어요. 아니, 인어가 아니고서야 누가 한밤중에 바다 한가운데에서 수영을 합니까? 영상이 찍힌 쪽으로 냅다 그물을 던졌는데 순식간에 사라지고 없지 뭡니까.

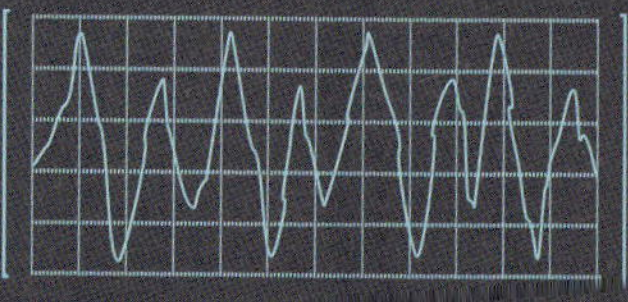

대학생은 간절한 표정으로 다희와 아영의 손을 번갈아 잡았다. 힘주어 잡은 손에서 그녀가 인어를 얼마나 걱정하는지가 전해졌다. 다희와 아영은 그 간절한 부탁을 꼭 들어주기로 다짐했다.

다희와 아영은 근처 숙소에서 인어에 대한 자료를 찾았다. 자료를 보던 아영이 머리를 긁적이며 입을 열었다.

"흐음……. 우리가 아는 동화 속 모습과는 많이 다르네요."

"그러게요. 조선 시대에 나온 《어우야담》에는 인어에 물고기 꼬리가 달렸다는 말은 없어요. 앉은 모습은 사람과 다를 바 없다고 하니 다리 부분도 사람하고 비슷한 모습 같아요."

다희도 아영의 말에 동의했다. 자료를 찾아보니 확실히 첫 번째 목격자인 대학생의 말과 일치하는 게 많았다. 대학생도 인어가 물고기가 아니라 아저씨처럼 생겼다고 하지 않았는가. 아무래도 한국의 인어는 동화 속 인어와 달리 사람과 비슷한 모습인 듯했다.

"하하. 혹시 우리가 진짜 인어를 발견하는 거 아닐까요? 그럼 정말 멋지겠다. 대통령 표창도 받고 뉴스 같은 데서도 찍으러 오고 말이에요."

아영이 신나서 말했지만 다희는 아영의 말에 동의하지 않았다.

물론《어우야담》에 인어 이야기가 있긴 하지만, 그건 어디까지나 괴물과 귀신의 존재를 믿던 옛날 기록이었다. 전설 속 인어가 실제로 존재한다기보다는 지금까지 발견된 적 없었던 동물이 나타난 거라고 생각하는 게 더 말이 됐다. 사람 같은 얼굴에 팔다리가 달려 있고, 위험에 처한 사람을 구할 정도로 지능이 높은 동물. 아주 특별한 동물이니만큼 이번에 발견된다면 보호종으로 등록될지도 모른다.

"인어보다는 아직까지 알려지지 않은 동물이 아닐까 싶은데……. 뭐,《어우야담》속 인어하고 비슷하긴 하네요."

"아무튼요! 인어든 뭐든 빨리 만나면 좋겠어요!"

아영은 기대에 차 외쳤다. 그렇지만 아직 해결되지 않은 문제가 있었다. 인어를 대체 어디서 찾는다는 말인가. 수십 명이 넘는 인어 사냥꾼들도 흔적 하나 발견하지 못했다. 무작정 주변을 수색하는 것 말고는 그들에게도 마땅한 방법이 없었다.

그로부터 나흘간 다희와 아영은 인어를 찾기 위해 인천 앞바다를 밤낮없이 순찰했다. 아무리 돌아다녀도 눈에 띄는 것은 관광객과 인어 사냥꾼, 그리고 작은 소라게들뿐. 인어 같은 건 비늘 한 조각 보이지 않았다.

지칠 대로 지친 두 사람은 터덜터덜 숙소로 돌아왔다. 씻을 힘도 없어 바닥에 누워 있는데 최기원에게 전화가 왔다.

다희 님, 지금 통화되나요?

"네? 네……."

다희는 조금 지친 기색으로 전화를 받았다. 기원은 웃음기 어린 반가운 목소리로 이야기를 이어 갔다.

다른 게 아니라 누가 영화표를 줘서요. 혹시 〈고래 이야기〉 보셨어요?

"〈고래 이야기〉요? 네, 저희는……."

"아뇨! 아직 안 봤어요."

다희가 이미 봤다고 말하려는데 죽은 듯 누워 있던 아영이 벌떡 일어나 기원에게 대답을 했다. 다희는 '이 언니가 왜 이래' 하고 어이없는 표정을 지었다가 금세 그 속내를 알아차렸다.

'기원 아저씨랑 영화 볼 수 있을까 싶어서 이러는구나!'

그러나 야속하게도 기원은 아영의 기대를 곧바로 저버렸다.

그럼 잘됐네요. 전 개봉하는 날 봐서요. 아영 씨한테 표 보내 줄게요. 이번 주말 표예요.

기원의 말에 아영은 서운함을 감추지 못했다. 다희는 울상인 아영이 조금 불쌍하다고 생각했다. 통화가 끝난 뒤 아영은 이번에야말로 모든 기운이 다 빠진 듯 바닥에 얼굴을 박고 죽은 듯 누워 있었다. 그 모습을 보니 필요도 없는 표를 받은 걸 구박할 수도 없었다.

'기원 아저씨가 그리도 좋을까…….'

이해할 수 없다는 표정으로 아영을 쳐다보던 다희의 머릿속에 갑자기 기막힌 생각이 스쳐 지나갔다.

"언니! 〈고래 이야기〉, 〈고래 이야기〉예요!"

"네?"

"거기 보면 엄마 고래가 사냥꾼에게 붙잡힌 새끼 고래를 쫓아가잖아요. 그걸 따라 하면 어때요? 목격자 말로 인어는 사람을 구할 정도로 지능이 높은 동물이라고 하니까, 분명 모성애, 아니 부성애도 깊을 거예요."

"네? 그게 대체 무슨 말이에요?"

다희가 아영의 어깨를 흔들며 소란을 피우자 아영은 없는 기운을 짜내 고개를 들고 말뜻을 물었다. 그리고 이어지는 다희의 말은 아영을 경악하게 했다.

"그러니까 인어 새끼를 잡아 둔 척 연기하는 거예요. 그러면 인어가 정말 자기 새끼가 잡혔나 보러 오겠죠. 우리가 조사한 《어우야담》엔 인어를 잡아 기름을 짰다는 기록이 있잖아요. 우리도 인어 새끼를 잡아 기름을 짠 척하는 거예요. 일단 작은 아기 인형이랑 통조림 참치를 사요. 해변에 블랙박스를 단 자동차를 세워 두고요. 아, 블랙박스엔 모션 감지 알람 기능이 있어야 해요."

"그러고요?"

"그러곤 아기 인형에 통조림 참치 기름을 잔뜩 묻혀서 자동차 앞에 놓는 거죠. 그 참치 기름 냄새랑 작은 아기 인형 때문에 인어가 혹시 자기 새끼 기름을 짰나 확인하러 올 수도 있잖아요. 물론 《어우야담》을 보면 인어 기름은 고래 기름 비슷했던 것 같지만 고래 기름을 쓸 수는 없으니……. 참치도 고래처럼 덩치가 큰 물고기니까 비슷하지 않을까요? 확률이 높지는 않지만 한번 해 봐요. 만에 하나 인어가 찾아오면 블랙박스 모션 감지기가 반응할 테고, 그때 가서 인어가 맞는지 확인하면 돼요!"

"아, 아아……."

다희의 말에 아영은 할 말을 잃었다. 분명 그럴 듯한 작전이긴 했지만 새끼를 잡아 기름을 짠 척하자니 그야말로 악마적인 계획이 아닌가. 하지만 그것 말고는 다른 방법이 없었다. 아영의 눈동자가 떨렸지만 결국은 다희 말대로 하기로 했다.

"음, 어, 음……. 조금 너무한 거 아닌가 싶지만, 그래요. 그렇게 해 봐요."

아영은 비틀거리며 일어나 침대 위에 앉았다. 그러고는 고개를 숙인 채 말했다.

"고마워요, 다희 님. 기원 씨 전화로 받은 충격이 단번에 날아갔어요."

"네? 별말씀을요!"

다희는 왜 기원에게서 받은 충격이 날아갔다는 건지 이해할 수 없었지만 일단 알았다고 했다. 아무튼 좋은 계획도 생각나고 아영도 정신을 차린 것 같아 다행이었다.

두 사람은 계획대로 아기 인형에 통조림 참치 기름을 잔뜩 묻히고 모션 감지 기능이 달린 자동차 블랙박스 앞에 두었다. 괴물 팀의 지원으로 바닷가 여기저기에 자동차와 아기 인형을 둘 수 있었다. 그날 밤 숙소와 가까운 차량의 블랙박스에 무언가가 잡혔다. 두 사람은 모션 감지 기능이 울린 자동차로 허겁지겁 뛰어갔다.

그렇게 두 사람이 발견한 것은…….

끄, 끄끄!

아기 인형을 정신없이 핥고 있는, 동글동글 귀여운 얼굴의 물범이었다!

"물범?"

다희와 아영은 황당해하면서 사진을 찍기 위해 휴대폰을 들었다. 두 사람이 사진을 찍든 말든 물범은 인형 핥기에 여념이 없었다. 아주 귀여운 얼굴을 한 그 물범은 머리와 등 쪽에 검은 얼룩무늬가 있어 얼핏 보면 사람의 머리카락 같기도 했다. 두 사람은 그제야 대학생이 본 인어의 정체가 다름 아닌 물범이라는 걸 확신할 수 있었다. 체구도 얼굴도 사람과 비슷해서 어두운 곳에서 보면 정말 귀여운 아저씨처럼 보였기 때문이었다.

다음 날 해양생물연구원에서 물범의 정체를 확인해 주었다. 사진의 주인공은 점박이 물범으로, 원래는 비교적 먼바다에 살았지만 기후 변화로 먹잇감이 줄어드는 바람에 먹을 것을 찾아 인천의 해안가까지 오게 된 것이었다.

게다가 한 가지 사실이 추가로 밝혀졌다. 물범이 정신없이 아기 인형을 핥은 것은 새끼를 향한 부성애가 아니라 오래 굶어 배가 고팠기 때문이었다. 배고픈 물범은 인형에 묻은 참치 부스러기라도 먹으려 했을 뿐이었다.

"아무튼 행복했으면 좋겠네요. 점박이 물범."

"그러게 말이에요."

또 사건을 해결한 아영과 다희는 마을 곳곳에 포스터를 붙이며 대화를 나눴다. 포스터엔 빨간 글씨로 이렇게 쓰여 있었다.

인어가 아닙니다! 점박이 물범입니다!

천연기념물 331호! 사냥하면 처벌됩니다!

인어 사냥꾼들은 두 사람이 붙이는 포스터를 보고는 모두 기운이 빠져서 돌아갔다. 덕분에 바닷가 마을엔 다시 평화가 찾아왔다.

저 멀리 전날 밤 그곳에 다시 나타난 물범과, 그 물범에게 물범이 좋아하는 까나리를 한 동이 가득 챙겨 주는 대학생의 모습이 보였다. 그 모습을 보며 다희는 살며시 웃었다. 점박이 물범도 보호하고, 대학생도 은인에게 은혜를 갚았으니 이보다 더 좋은 결말은 없을 것 같았다.

바다에 사는 **사람 같은 동물**의 정체는?

조선에 인어가 산다?

조선 중기의 문신 유몽인이 쓴 설화집 《어우야담》에는 강원도 흡곡현 현령이 된 김담령이라는 사람이 그 지역 어부가 잡은 인어를 불쌍히 여겨 놓아주었다는 이야기가 나옵니다. 이 이야기는 텔레비전 드라마 〈푸른 바다의 전설〉의 모티프가 되기도 했지요.

《어우야담》에 표현된 인어는 우리가 흔히 아는 인어와는 조금 다른 모습입니다. '인어 공주'로 대표되는 서양의 인어가 상반신은 인간이고 하반신은 물고기인 아름다운 여성인 데 비해 《어우야담》 속 인어는 남자와 여자가 구분되고 사람처럼 다리가 달려 있다고 하지요. 기록 속 인어의 또 다른 특징은 어린 새끼임에도 입 양옆에 누런 수염이 나 있고, 등에는 옅은 검은색의 문양이 있다고 한 것입니다.

이후의 기록에도 인어 이야기가 심심치 않게 등장합니다. 18세기의 학자 위백규는 《격물설》이라는 책에서 인어를 팔다리가 달려 있어 사람과 거의 같은 모습이지만 말을 하거나 옷을 입지 않는 짐승으로 표현했고, 19세기 인물인 이옥이 쓴 《백운필》에는 배를 탄 사람들이 바다 한가운데에서 상반신만 내놓은 여자를 봤다는 이야기가 전해집니다. 정약용의 형 정약전 또한 《자산어보》에서 서해와 남해에 사는 인어는 생김새가 사람을 닮아 두 개의 젖이 있다고 썼지요.

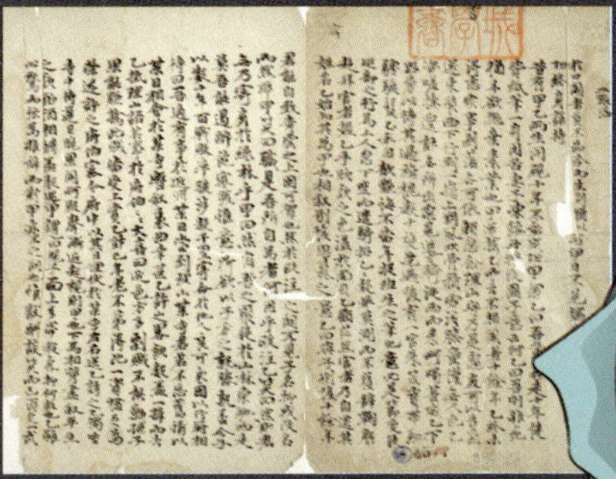

《어우야담》 권5 만물편

인어들은 모두 네 살 아이 같았는데 얼굴이 곱고 콧마루가 우뚝 솟아 있었고 눈은 빛났으며 손바닥과 발바닥의 주름살 무늬와 무릎을 껴안고 앉는 것까지 모두 사람과 다름없었다. (…) "인어에게서 기름을 취하면 무척 품질이 좋아 오래되어도 상하지 않습니다. 날이 갈수록 부패하여 냄새를 풍기는 고래 기름과는 비교도 할 수 없습니다."

여러 기록들을 조합해 보면 모두 바다에서 사람을 닮은 동물을 보고 그것들을 인어라고 기록했음을 알 수 있어요. 인간과 가장 닮은 동물은 침팬지나 고릴라 같은 유인원이지만 사는 곳을 바다로 한정하면 물범이나 바다사자 같은 해양 포유류가 그 주인공이 되지요. 어쩌면 인어 전설은 해양 포유류에 대한 지식이 많지 않던 옛날 사람들이 우연한 기회에 이들을 발견하고 인어로 착각한 데서 비롯된 것이 아닐까 합니다.

독도에 세워진 강치 동상

바다로 돌아간 인간의 친척, 해양 포유류

해양 포유류는 본래 육지에서 살다가 바다로 돌아간 동물로, 같은 포유류인 인간과 공통점이 많습니다. 우선 아가미로 호흡하는 물고기와 달리 폐로 호흡하기 때문에 물 밖에서 숨을 쉬어요. 또 포유류라는 이름에서 알 수 있듯이 새끼를 낳아 젖을 먹여 키웁니다. 돌고래를 비롯한 몇몇 해양 포유류는 인간만큼이나 지능이 높기로 유명하지요.

현대의 연구자들은 인간과 유사한 점이 많은 독도의 바다사자, 강치가 한국의 인어 전설을 탄생시킨 주인공이 아닐까 생각합니다. 18세기 역사책 《동사강목》에는 강치가 비늘 없는 몸에 팔다리를 가진 데다 어린애 같은 소리를 내어 인어로 착각할 수 있다고 쓰여 있습니다. 하지만 강치는 일제의 무분별한 포획으로 20세기 초반에 멸종하고 말았지요.

호기심 과학 Q&A

해양 포유류에도 다리가 있나요?

육지에서 바다로 돌아간 해양 포유류는 주변 환경에 적응하기 위해 다양한 형태로 진화했어요. 고래나 돌고래처럼 뒷다리가 완전히 퇴화해서 없어진 경우도 있고, 바다사자나 물범, 바다코끼리처럼 지느러미의 형태이긴 하지만 뒷발이 남은 경우도 있지요. 이렇듯 지느러미 형태의 발을 가진 해양 포유류를 기각류라고 분류합니다. 하지만 기각류의 대부분이 무릎과 정강이 관절은 몸속에 묻혀 있고 발에 해당하는 부분만 드러나 있어서 육지 포유류의 다리와는 차이가 있습니다.

지느러미 형태의 발을 지닌 동물이라는 뜻의 기각류에는 물개(위), 물범(가운데), 바다코끼리(아래) 등 다양한 해양 포유류가 속해 있어요.

우리나라에는 어떤 해양 포유류가 있어요?

우리나라에는 총 41종의 해양 포유류가 있습니다. 이 가운데 해양수산부에서 지정한 보호 대상 해양 생물은 점박이 물범, 혹등고래, 바다사자 등 15종이에요.

점박이 물범

사건 파일 3 구업

부잣집 재산을 지키는 수호신 괴물

그동안 팀을 이루어 많은 사건을 해결해 온 다희와 아영에게 예상 밖의 선물이 주어졌다. 고급 리조트 숙박권이 딸린 포상 휴가였다. 심지어 두 사람이 휴가를 보낼 리조트는 식품 대기업 얌얌푸드에서 새로 개장하여 에스엔에스와 너튜브 등에서 큰 인기를 끌고 있는 곳이었다. 다희는 집에서 책 읽는 게 더 좋다며 시큰둥했지만, 아영은 출발 며칠 전부터 들뜬 마음을 감추지 못했다. 아영이 얌얌푸드의 음식을 무척 좋아했기 때문이다. 특히 얌얌푸드의 대표 상품인 얌얌 건강 죽은 아영이 힘들 때마다 찾는 '소울 푸드'였다. 그런 얌얌푸드에서 만든 리조트라니 아영은 매일 다섯 끼씩 먹겠다며 기대에 부풀었다.

얌얌리조트는 소문대로 멋진 곳이었다. 크고 반짝이는 새 수영장에 달콤한 식혜와 맥반석 계란을 무한 제공하는 찜질방, 테니스장, 볼링장, 미니 영화관 등 놀 거리가 끝도 없었고, 어딜 가든 맛있는 음식 냄새가 풍겼다. 그야말로 꿈의 휴양지였다. 휴가에 시큰둥했던 다희도 리조트에 도착한 뒤로는 언제 그랬냐는 듯 신나게 즐겼다.

근사한 정원 산책, 수영장 물놀이와 초대 가수의 공연 등 얌얌리조트의 놀 거리를 만끽하고 방으로 돌아온 두 사람은 누군가 자신들의 방문 앞에 서 있는 걸 발견했다. 긴 머리를 노랗게 물들인 늘씬한 미인이었다. 그 여자는 두 사람을 보더니 반가운 표정으로 알은척을 했다.

"아, 이제야 만났군요. 괴물 팀 이아영 수사관 님. 그리고 박다희 특수 능력자 님 맞죠?"

"네. 맞긴 한데요. 누구……?"

낯선 사람이 친근하게 말을 건네자 다희와 아영은 어리둥절할 수밖에 없었다. 그런 두 사람을 귀엽다는 듯 바라보던 여자는 곧 자기소개를 했다.

"호호. 갑자기 알은척해서 놀랐죠? 저는 얌얌푸드 창업자의 손

녀, 석메리예요.”

이름을 듣자마자 다희는 얼마 전 봤던 뉴스 기사를 떠올렸다. 석메리는 전 재산을 자신이 세운 유기 동물 보호 센터에 쏟아붓고 버려진 동물들을 돌보는 것으로 유명했다. 뉴스에는 얼굴 없이 이름만 나왔지만 성도 이름도 워낙 특이해서 기억에 남았던 것이다.

“아아, 석메리 씨! 뉴스에서 본 적 있어요.”

아영 또한 그녀가 나온 뉴스를 기억해 냈다. 그렇게 석메리의 정체가 밝혀졌지만 궁금증은 남았다.

‘재벌 3세가 무슨 일로 우리를 찾아온 거지?’

아영의 생각을 읽기라도 한 듯 석메리는 바로 자신이 찾아온 이유를 밝혔다.

“사실……. 두 사람의 도움을 받고 싶어요. 집안 사정이라 괴물 팀에 공식 의뢰하는 건 아니고 개인적인 의뢰예요.”

“개인적인 의뢰라니……. 무슨?”

“제발 도와주세요. 기원이에게 들었어요. 두 사람이 괴물 팀에서 가장 뛰어난 수사관 콤비라고요. 여러분의 도움이 필요해요.”

석메리의 입에서 나온 익숙한 이름에 다희와 아영이 움찔했다. 결국 아영이 궁금증을 참지 못하고 질문했다.

"기원 씨하고는 어떻게 아는 사이세요?"

"아, 기원이와 저는 같은 고등학교를 나왔어요. 친구이자 경쟁자였달까요. 아무리 노력해도 1등은 늘 기원이 차지였죠."

"기원 씨의 고등학교 친구……."

아영의 표정에 숨길 수 없는 호기심이 드러났다. 최기원의 학생 시절이라니. 너무 점잖아서 날 때부터 어른이었을 것 같은 최기원에게도 어린 시절이 있다는 게 신기하고 궁금한 모양이었다.

아영의 홀린 듯한 표정에 불안감을 느낀 다희가 얼른 아영의 손목을 잡았다. 하지만 다희가 말리기도 전에 아영은 저도 모르게 우물우물 중얼거리고 말았다.

"기원 씨와 같은 학교라면……. 졸업 앨범도 가지고 계시겠네요. 뭐, 궁금하다는 건 아니지만……. 꼭 보고 싶다는 것도 아니지만……."

"언니!"

다희가 정신 차리라고 아영의 손을 살짝 꼬집었다. 그깟 졸업 앨범에 넘어가서 사건을 맡는다니 말도 안 되는 일이다. 심지어 아직 무슨 사건인지도 모르지 않는가. 하지만 석메리는 아영의 약점을 눈치채고 집요하게 파고들었다.

"호호. 물론 졸업 앨범 있죠. 그뿐이게요? 3년 내내 같은 반이었어서 함께 찍은 사진도 많답니다. 기원이가 지금도 잘생겼지만 그땐 또 얼마나 귀여웠는지. 보시면 깜짝 놀라실걸요?"

"앗, 아앗……."

안 돼. 틀렸어. 다희는 홀딱 넘어가 버린 아영을 보며 이마를 짚었다. 결국 다희는 애원하는 듯 쳐다보는 아영에 못 이겨 석메리의 이야기를 들어 보기로 했다.

"그래요. 어떤 사건인지, 저희가 해결할 수 있을지는 모르겠지만 일단 들어 보긴 할게요."

"아! 정말 고마워요. 그럼 방에 들어가서 자세히 이야기해 드릴게요."

다희와 아영은 석메리와 함께 방으로 들어갔다. 그리고 복잡하기 그지없는 얌얌푸드의 상속 이야기를 듣게 되었다.

석메리의 부탁은 재산을 불려 준다는 구업이라는 괴물을 찾아 달라는 것이었다. 그녀가 갑자기 괴물 찾기에 나선 것은 얌얌푸드의 상속 문제 때문이었다.

얌얌푸드의 창업자는 오랜 지병으로 죽음을 앞둔 상태여서 평소 편애하던 변호사 손자 석로이에게 상속 문제를 맡겼다. 이에 석로이는 할아버지의 유산을 독차지하고자 속임수를 썼다. 다른 자손들은 기업 운영에 관심이 없다는 점을 노려, 얌얌푸드의 경영권 대신 값비싼 빌딩을 한 채씩 받고 상속을 마무리 짓는 게 어떠냐고 제안한 것이다.

아무런 의심 없이 석로이의 제안을 받아들였던 가족들은 한참 뒤에야 그들이 받은 건물이 원래 받기로 했던 것과는 다른, 훨씬 값싼 건물임을 알아차렸다. 석메리 또한 본래 받기로 한 뤼미에르 빌딩 대신 루미에르 빌딩을 받았다. 사촌 오빠가 사기를 칠 거라곤 상상도 하지 못했던 석메리는 비슷한 건물 이름과 주소에 속아 정당하게 받아야 할 값비싼 빌딩 대신 재산 가치가 없는 낡고 작은 건물을 받게 된 것이다.

뒤늦게 진실을 안 다른 자손들이 들고일어났지만 변호사인 석로이가 법적으로 완벽한 서류를 꾸며 놓아 일을 바로잡기 어려웠다. 그 난리 중에 석메리가 떠올린 것이 바로 돌아가신 할머니께서 생전에 하셨던 말씀이었다.

"메리야. 우리 집안에는 구업이라는 보물이 있단다. 남들은 괴물이라고도 하지만 구업 님의 영험한 힘 덕분에 우리가 이렇게 성공할 수 있었지. 그러니 구업 님을 잘 모셔야 한다."

석메리는 여기에 마지막 희망을 걸고 재산을 불려 준다는 괴물, 구업을 찾아 나선 것이었다.

메리의 말이 끝나고, 다희의 표정은 어색하게 굳었다.

'돈을 불러오는 괴물이라니. 다 큰 어른이 무슨 그런 미신을 믿는담.'

석메리는 그런 다희의 기색을 눈치챘는지 약간 민망한 목소리로 덧붙여 말했다.

"음, 이상하게 들릴 거 알아요. 하지만 할머니 돌아가시기 전까지는 매년 구업에게 죽 끓여 주는 행사를 했어요. 얌얌 건강 죽도 실은 그 행사 때 끓이던 죽에서 나온 거예요. 돌아가신 고모할머니들은 구업을 실제로 본 적도 있다셨어요. 한두 명도 아니고 몇 분

이나 그렇게 말씀하셨으니 정말 구업이 있을 수도 있잖아요."

석메리의 호소에 다희와 아영도 조금 흔들렸다.

'그런가? 한두 명이면 몰라도 여러 사람이 있다고 하고 심지어 직접 본 적도 있다면 믿어 봐도 괜찮지 않을까?'

하지만 다희는 이내 고개를 저었다. 어른들의 재산 다툼에 끼고 싶지 않았기 때문이다. 유기 동물 보호에 전 재산을 바쳐 천사 재벌이라고 불렸던 석메리도 돈 앞에서는 어쩔 수 없구나 하는 생각도 들었다. 그때 갑자기 석메리가 두 사람의 손을 붙잡고는 간절한 어조로 부탁했다.

"제발 구업을 꼭 찾아 주세요. 원래 받기로 한 유산을 못 받으면 저희 아가들은 밥을 굶어요. 어떻게든 다른 방법을 찾아야 한답니다. 제가 운영하는 유기 동물 센터만 다섯 개예요. 유산이 없으면 센터들을 다 닫아야 할지도 몰라요. 저희 아가들 좀 살려 주세요. 제발 부탁드릴게요."

그 말에 아영과 다희의 표정이 달라졌다. 맞다. 석메리는 유기 동물 센터를 운영하는 자선가였다. 석메리의 돈이 없으면 유기 동물 센터는 문을 닫아야 하고, 수백 마리 동물들이 다시 길에 버려질지 몰랐다. 그 상황만은 막아야만 했다.

"그렇지만…… 구업을 도대체 어디서 찾죠? 할머님께서 구업이 있다고 말씀하신 곳이 있나요?"

아영이 조심스럽게 물었다. 다행히도 바로 대답이 나왔다.

"네. 바로 여기예요."

"네?"

"이 리조트가 바로 구업이 있는 곳이에요. 이 리조트는 할머니, 할아버지의 고향 땅을 사들여 만든 곳이거든요. 두 분께 의미 깊은 장소들은 모두 보존되어 있어요. 우선 그곳들을 중심으로 찾아보면 좋을 것 같아요."

모든 설명을 들은 두 사람은 그 즉시 자리에서 일어났다. 상황이 꽤 급박했기 때문이다. 우선 석메리가 유산을 받으면 갚겠다고 미리 써 버린 돈이 상당했다. 유기 동물 치료소가 세워지고 있었고, 유기 동물 무료 급식소 프로젝트도 진행 중이었다. 기한 안에 돈을 갚지 못하면 수백 마리 유기 동물들의 보금자리가 사라질 것이었다. 그 기한은 고작 일주일밖에 남지 않았다.

"부탁해요! 구업을 꼭 찾아 주세요!"

석메리는 문 앞까지 나와 다희와 아영을 배웅했다. 두 사람은 진지하게 고개를 끄덕인 뒤 길을 나섰다.

재물 수호신 사건

사건 개요

개인에게 의뢰받은 사건으로, 식품 기업 얌얌푸드가 새로 세운 리조트 어딘가에 집안의 재산을 지켜 주는 괴물 구업이 있다고 함.

제보 내용

재물을 불러오는 수호신 이야기는 저희 집안 사람들이라면 다들 알고 있는 내용입니다. 할머님께서 구업 덕분에 우리가 이렇게 잘사는 거라고 누누이 말씀하셨거든요. 구업만 잘 지키면 모두들 계속 돈 걱정 없이 살 수 있을 거라고요. 문제는 구업이 정확히 어떤 건지 모른다는 거예요. 할머니도 고모할머니들도 구업을 본 적 있다고만 하시고 죽을 끓여 모시기만 했지 정확하게 어떤 모습인지 알려 주시질 않았어요.

피해자

◆ 석필순(향년 77세, 고인)
생전에 구업을 보았다고 강하게 주장하던 석메리의 고모할머니. 자신의 말을 믿지 않는 양로원 할머니들과 말다툼하다가 혈압이 올라 쓰러진 적이 있음.

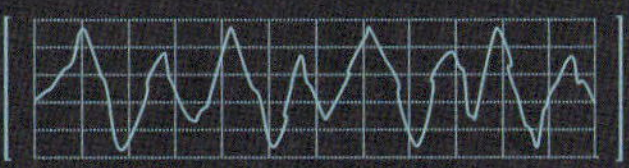

늦은 밤이었지만 두 사람은 손전등을 들고 리조트 이곳저곳을 돌아다녔다. 리조트의 금고, 지하실, 창고……. 물론 건물 밖의 창업자 부부 기념 장소들도 돌아봤다. 창업자 부부가 결혼을 맹세한 느티나무 언덕, 음식을 만들어 팔기로 결심한 개울가, 식재료를 수확한 작은 밭…….

그러나 아무리 샅샅이 둘러봐도 괴물은커녕 쥐새끼 한 마리 찾을 수 없었다. 결국 지칠 대로 지친 두 사람은 리조트 안을 느릿느릿 걸으며 구업이 무엇일까 이야기를 나누었다.

"구업은 대체 어떻게 생긴 동물일까요?"

"글쎄요……. 재물을 불러온다니 어쩌면 온몸이 황금으로 뒤덮인 괴물이 아닐까요?"

"언니도 참. 세상에 그런 동물이 어디 있어요. 제 생각엔 귀한 동물이라니까……. 아무래도 몸의 일부가 약재로 쓰이는 동물이 아닐까 싶어요. 곰쓸개나 사슴뿔처럼요. 귀한 약재라면 큰돈이 되잖아요."

"오. 그것도 일리 있네요. 구업을 직접 보셨다는 메리 씨 고모할머님들이 구업에 대해 자세히 말씀해 주셨다면 좋았을 텐데……."

그렇게 정체불명의 구업을 상상하며 터덜터덜 걷다 보니 두 사

왕콩
20Kg
콩알팥
재활용X

람은 어느새 작은 초가집에 다다랐다. 볼품없이 작고 낡았지만 잘 관리된 것처럼 보였다. 초가집 입구에는 〈창업자 부부가 처음 함께 살았던 집〉이라는 팻말이 붙어 있었다. 피곤했던 두 사람은 곧장 안으로 들어가 삐걱삐걱 소리를 내는 마루 위에 앉았다. 한숨을 돌리던 바로 그때, 두 사람 사이로 두꺼운 소방 호스 같은 무언가가 둔탁한 소리를 내며 떨어졌다.

쿵!! 스르륵~ 스르륵~

깜짝 놀란 아영이 정신을 차리고 둘러보니 어른 팔뚝만 한 뱀이 어느새 똬리를 틀고 아영을 노려보고 있었다. 아영은 벌떡 일어나 다희를 감싼 채 신발을 벗어 쥐었다. 아영이 신발로 뱀을 내려치기 직전, 누군가 다급히 소리를 지르며 아영을 막았다.

"안 됩니다! 그냥 두세요!"

낯선 이의 외침에 아영이 움찔했고, 그사이 뱀은 허둥지둥 마루 밑으로 사라졌다. 아영과 다희는 갑자기 나타난 사람에게 시선을 돌렸다. 그 사람은 나이 많은 할아버지였는데 리조트의 고용인인지 유니폼을 입고 있었다.

"아가씨들, 그런 거 함부로 잡으면 큰일 나요. 옛날부터 집에 있는 구렁이나 족제비는 업이라고 해서 그 집의 수호신으로 여겼답니다."

"아……. 그런가요?"

수호신이란 말에 민망해진 아영은 벗었던 신발을 다시 신었다. 할아버지는 그 모습을 보며 업에 대해 설명해 주었다.

"지금 사람들이야 모르지만 우리 어릴 적엔 업신께 죽을 끓여 바치기도 했죠. 업은 소중히 여겨야 돼요. 업이 나가면 그 집은 재산을 몽땅 잃고 망하고 말거든요……."

"네. 죄송합니다."

아영과 다희는 할아버지에게 고개 숙여 사과했다. 생각해 보니 업이든 아니든 죄 없는 동물을 때리려고 한 건 너무한 처사였다. 할아버지는 그 모습을 보고 만족스러운 듯 고개를 끄덕이더니 초가집 밖으로 사라졌다. 두 사람은 그제야 다시 마루에 앉아 놀란 가슴을 쓸어내렸다.

"휴……. 하마터면 남의 집 수호신을 잡을 뻔했네요."

"그런데 언니, 업은 구업하고 이름이 비슷하잖아요. 혹시 둘은 같은 거 아닐까요?"

"우아, 그러게요. 다희 님 말대로 진짜 비슷하네요. 재물과 관계된다는 것도 그렇고. 방금 그 뱀도 괴물이라고 하기에 충분한 크기였잖아요."

다희는 최기원에게 도움을 청하려고 전화기를 들었다. 늦은 밤인데도 최기원은 바로 전화를 받았다. 그는 이미 석메리에게 사정을 들었는지 다희의 갑작스러운 질문에도 바로 답을 주었다.

네, 맞아요. 구업은 업의 일종이에요. 집에 재물을 가져다주고 지키는 수호신이라고 생각하면 됩니다.

기원의 설명에 다희는 고개를 끄덕였다. 그런 다희를 지켜보기라도 한 듯 기원은 구업에 대한 설명을 이어 나갔다.

조선 후기 작가 이덕무가 남긴 책 《이목구심서》에 업과 구업에 대한 기록이 있어요. 거기 보면 업은 대개 구렁이나 족제비 같은 형태인데, 구업은 특이하게 망아지 비슷한 형태라고 적혀 있어요.

'그럼 아까 본 뱀은 구업이 아니겠구나…….'

다희는 조금 아쉬운 기색으로 다른 정보는 더 없는지 물었다.

업은 보통 지붕이나 서까래 같은 데 살았다고 해요. 거기 리조트 건물의 지붕들을 살펴보는 건 어때요?

"네, 조언 감사합니다."

다희는 우선 창업자에게 의미가 깊은 이 초가집의 지붕부터 살펴봐야겠다고 생각했다. 아영도 같은 생각을 했는지 바로 사다리를 가져오겠다고 했다. 아영이 사다리를 가지러 간 사이, 다희는 조용히 초가집 마당에서 기도했다.

"저는 귀신이나 괴물을 믿지 않지만, 그래도 만약 구업이라는 게 있다면……. 유기 동물 센터의 불쌍한 동물들을 위해서라도 제발 모습을 드러내 주세요."

고요한 밤 열심히 기도하는 다희를 보름달이 은은히 비추고 있었다.

초가집 지붕에서 구업은 발견되지 않았다. 대신 그보다 더 중요한 것이 나왔다. 바로 기업을 상징하는 마스코트의 소유권에 대한 서류였다. 얌얌푸드의 마스코트는 망아지와 족제비를 절반씩 닮은 귀여운 얼굴의 동물이 죽을 먹는 모습이다. 지붕에서 찾은 서류에는 그 마스코트의 소유권이 할머니에게 있으며 그것은 모든 자손들에게 균등하게 상속된다고 쓰여 있었다.

석메리는 그 서류를 내밀며 석로이에게 모든 자손들에게 정당한 상속분을 돌려줄 걸 요구했다. 그러지 않으면 얌얌푸드의 마스코트를 사용하지 못하게 하겠다는 말과 함께. 석로이는 그 요구를 받아들일 수밖에 없었다. 마스코트는 기업의 얼굴이나 다름없었다. 갑자기 마스코트를 바꾸면 그동안 힘들게 쌓아 온 기업의 이미지와 상품 인지도에 타격이 컸다. 결국 구업은 찾지 못했지만 얌얌푸드의 상속 사건은 깔끔하게 마무리된 것이다.

일주일 뒤, 석메리는 다희와 아영의 집에 소포 하나를 보냈다. 고등학교 졸업 앨범과 최기원의 고등학생 시절 사진이었다.

“와! 진짜 고등학생 시절 사진이에요. 기원 씨 진짜 어려 보이지 않아요? 정말 신기해!”

신이 난 아영은 최기원의 사진을 손에 쥔 채 거실을 빙글빙글 돌았다. 다희는 소파에 앉아 그 모습을 못마땅하게 쳐다봤다.

‘대체 무슨 소리람? 고등학생 때 사진이니까 당연히 어리지. 기원 아저씨가 뭐라고……’

아영이 행복해 하는 모습은 조금 눈꼴셨지만, 그래도 못된 석로이가 혼쭐나고 유기 동물 센터도 지켰으니 이번 사건도 꽤 만족스럽게 해결됐다. 다희는 바닥에 떨어진 최기원의 사진 한 장을 힐끔 봤다. 사진 속 최기원은 귀여웠지만 조금은 밉살맞은 미소를 짓고 있었다.

부잣집 **재산을 지키는 수호신**이 있다?

다양한 모습으로 집안의 운을 관장하는 업

업 또는 업신이라 불리는 수호신이 집안의 재물 운을 관장한다는 믿음은 조선 시대 이전부터 전국에 퍼져 있던 민간 신앙입니다. 보통 집 한구석에 큰 구렁이가 살고 있는데 그 구렁이가 밖으로 나가거나 죽은 채로 발견되면 그 집은 크게 재물을 잃는다고 믿었지요. 구렁이 말고도 두꺼비나 족제비를 업으로 모시는 경우도 많았고, 심지어는 사람을 업으로 모시기도 했습니다. 이 경우를 인업이라고 하는데, 대문 앞에 버려진 아이를 '업둥이'라고 부르며 키우는 것이 그 예이지요.

업에 대한 구체적인 기록은 조선 후기의 학자인 이덕무의 《이목구심서》에서 찾아볼 수 있습니다. 여기서는 업이 부잣집 창고에 사는 신이며 구렁이나 족제비의 모습을 하고 있다고 설명했습니다. 또 사람들이 흰죽을 쑤어 바치며 신처럼 대접했다고도 적혀 있는데, 실제로 전국 곳곳에서 업을 모시기 위해 흰죽을 쑤어 놓고 제사를 지냈다는 이야기가 전해집니다.

그런데 《이목구심서》에는 특이하게도 망아지와 비슷한 구업도 있다는 설명이 덧붙여져 있습니다. 이에 따르면 구업은 구렁이처럼 좁은 곳에 숨어 살 수 있을 만큼 작지만 생김새는 망아지를 닮은 모습일 텐데요. 뱀처럼 작고 길쭉한 몸에 망아지의 얼굴을 한 모습의 동물이라면 족제비와 비슷하지 않나 생각됩니다. 족제비는 작은 체구에 몸통이 길고 팔다리가 짧아 좁은 곳에 숨어 사는 데 적합하지요. 그러므로 우연히 망아지를 닮은 괴상한 모습의 족제비가 발견되어 구업 이야기가 생긴 것이 아닐까 추측됩니다.

《청장관전서》 제53권 〈이목구심서〉 6
“업은 색깔이 약간 누런 데다 간간이 푸른빛을 띠고 배는 희고 혀는 붉으며 이가 검다. 길이는 4~5척(약 120~150센티미터)을 넘지 않는데 집 광 밑에 굴을 뚫을 것 같으면, 곡식이 반드시 들어 있는 것보다 갑절이 더 들어올 것이다.” 했으니, 비로소 세상에서 일컫는 업을 알게 되었다. 또 망아지 비슷한 것이 있어서 구업(駒業)이라고 부른다고 하는데 알 수 없다.

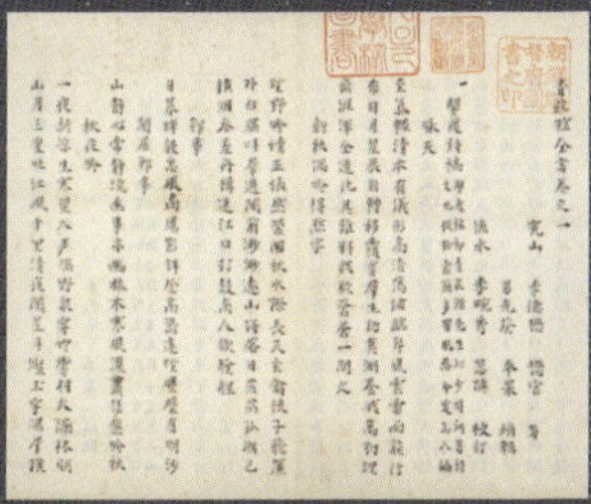

업이 정말로 재산을 지켜 줄까?

업으로 섬겨진 동물들의 생태를 살펴보면 선조들이 왜 그것들을 그리 귀하게 여겼는지 알 수 있어요. 우선 구렁이는 무시무시한 생김새와는 달리 독이 없기 때문에 사람에게 직접 해를 끼치지 않습니다. 대신 농경 사회에서 사람에게 가장 해로운 동물인 쥐를 잡아먹지요.

한국과 만주, 시베리아에서 주로 사는 먹구렁이는 참새, 쥐, 두더지 등을 잡아먹어요. 최근에는 수가 많이 줄어서 멸종 위기 야생 생물로 지정되어 보호받고 있어요.

족제비는 작고 귀여운 생김새와는 달리 실제로는 매우 사나운 포식 동물입니다. 족제비의 주식은 설치류이지만 곤충류, 갑각류, 어류, 파충류, 조류 등 다양한 동물을 먹고, 때에 따라서는 나무 열매도 먹는다고 해요.

쥐는 인간이 모은 곡식을 축내고, 공들여 지은 집을 갉아 먹을 뿐 아니라 유행성 출혈열, 살모넬라증을 비롯한 심각한 질병을 옮깁니다. 일반적으로 구렁이 한 마리가 1년간 잡아먹는 쥐가 100마리나 된다고 해요.
귀여운 얼굴의 족제비 역시 전문적으로 쥐를 잡아먹는 최고의 사냥꾼입니다. 게다가 족제비는 배가 불러도 사냥을 계속하는 습성이 있어서 족제비가 한 마리만 있어도 근처에서 쥐를 찾아보기란 불가능에 가깝다고 하지요.
두꺼비도 인간에게 굉장히 유익한 동물입니다. 농사를 지을 때 가장 큰 문제가 되는 것이 해충 조절인데요. 두꺼비가 주로 먹는 것이 바로 다양한 종류의 곤충들입니다. 두꺼비 한 마리가 몸에 해로운 농약을 대신하는 셈이지요. 그래서 최근에는 친환경 농법의 한 방법으로 두꺼비 서식지를 복원하는 사업도 추진되고 있다고 해요.

호기심 과학 Q&A

사람에게 해로운 쥐는 멸종시키면 안 되나요?

쥐가 여러 가지 해를 끼치는 것은 맞지만 멸종은 전체적인 생태계 균형에 영향을 미치기 때문에 바람직하지 않습니다.
쥐는 매와 올빼미 같은 맹금류와 뱀, 육식 포유류의 주요 먹이원이에요. 따라서 쥐가 멸종한다면 이 동물들의 생존에도 위기가 오겠지요.

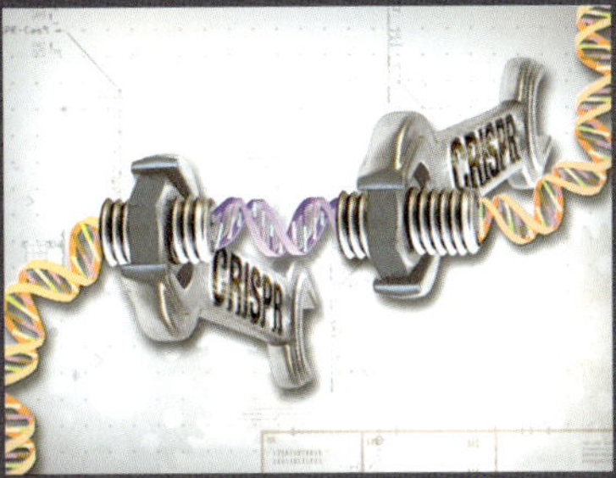

유전자를 자르고 붙이는 크리스퍼 유전자 가위를 이용하면 모기의 생식 능력을 없애는 유전자를 퍼뜨릴 수 있다고 합니다.

비슷한 예로 대표적인 해충인 모기 역시 최근의 발달된 유전자 조작 기술을 통해 불임 유전자를 전달하는 방법으로 멸종시키는 게 가능해졌다고 해요. 하지만 모기도 새들과 물고기, 개구리 등의 주된 먹이이지요. 따라서 모기의 멸종이 생태계에 미칠 영향을 생각하면 섣불리 모기를 해칠 수 없어요.

의외로 유익한 동물이 또 있나요?

지렁이가 땅을 비옥하게 만들어 준다는 건 알고 있지요? 알록달록 화려한 무당벌레도 식물에 유해한 진딧물을 잡아먹어서 살아 있는 농약이라는 별명을 갖고 있어요. 이 외에도 많은 동물들이 다양한 방식으로 인간에게 도움을 줍니다.

진딧물을 잡아먹는 무당벌레

사건 파일 4 서천객

도를 깨쳐 날개를 얻은 신선?

여러분 안녕하세요! 잼따TV의 잼따입니다! 이번에 찾아온 곳은 하늘을 나는 괴물이 나온다는 경기도의 한 아파트 단지!

다희와 아영은 너튜브에 올라온 인기 영상을 보고 있었다. 이 영상이 바로 서천객 붐의 시작점이었기 때문이다.

지금까지 모은 정보에 따르면 서천객은《증보해동이적》에 나오는 괴물이다. 온몸이 깃털로 덮여 있고 하늘을 나는 것은 새와 비슷하지만 크기와 생김새는 사람과 같으며 특히 아주 그윽한 눈빛을 지녔다고 한다. 그 고서 속 괴물이 어느 눈 내리는 밤 경기도의 한 아파트 단지에서 나타난 것이다.

목격자는 커다란 덩치에 부리부리한 눈을 가진 무언가가 상당한 높이를 빠르게 날아다녔다고 증언했다. 아주 높지는 않지만 새가 아니면 닿을 수 없는 높이에서 비틀대듯 위태롭게.

이상하리만큼 큰 눈이 반짝 빛난 것 같다고도 했다. 첫 목격자의 증언이 있고 난 뒤 또 다른 목격담들이 줄을 이었다. 그 이야기가 아파트 커뮤니티에서 화제가 되면서 괴물이 나타났다는 소문이 순식간에 퍼져 나갔다.

여느 괴물 이야기가 그렇듯 처음에는 누구도 진지하게 생각하지 않았다. 그런데 어느 저명한 교수가 자신의 에스엔에스에 글을 쓰면서부터 상황이 급격히 달라지기 시작했다.

경기도에 이상한 괴물이 나타났단 소문을 들었는데, 아무래도 《증보해동이적》에 나오는 전설 속 서천객이 아닌가 합니다. 온몸이 깃털로 뒤덮여 새처럼 자유롭게 날 수 있다는 것도 그렇고, 크기나 생김새가 사람과 같다는 점도 그렇고요. 책에서는 금강산에 큰 눈이 오기 전에 늘상 서천객이 나타났다고 하니 눈 오는 날과 연관된 것도 비슷합니다.

서천객은 안시객과도 비슷하다고 하는데요. 기록에 따르면 안시객은 당 태종이 고구려를 침략할 때 안시성에 왔다가 고구려에 남게 된 사람이라고 합니다. 그 후 어찌어찌 신선의 도술을 익혀 새의 모습을 얻고 수백 년 넘게 살고 있다는 것이죠. 이것은 중국에 널리 알려진, 온몸에 털이 뒤덮여 영원히 사는 사람 이야기나 몸에 깃털이 난 신선 이야기와도 통하는 부분이 있습니다. 아래 링크는 서천객 전설에 대한 자세한 설명입니다. 한 번 읽어보셔도 좋겠지요.

이 글을 읽은 유명 너튜브 크리에이터가 바로 서천객 취재 동영상을 올리면서 한바탕 서천객 열풍이 몰아친 것이다. 사람들은 인터넷으로 정보를 공유했고, 서천객을 직접 만나고 싶어 하는 사람들이 생겨났다. 많은 사람들이 서천객을 산에서 도를 쌓은 신선 같은 존재라고 믿었다. 그들은 서천객을 만나서 신선의 도술을 배우고 싶어 했다.

대한민국이 서천객 이야기로 시끌시끌하던 그때, 서천객이 다시 한 번 모습을 드러냈다. 이번에도 큰 눈이 온 뒤였고 목격된 장소도 비슷했다. 온 세상이 이 사건에 집중하고 있었다. 그리하여 괴물 팀 에이스인 아영과 다희가 나선 것이다.

하늘을 나는 신선 사건

사건 개요

경기도의 한 아파트 단지에서 새의 깃털과 그윽한 눈빛을 가진 괴생명체가 하늘을 날아다니는 모습이 수차례 목격됨.

제보 내용

- 눈도 오겠다 뜨끈한 국물이 생각나서 라면을 사러 집을 나섰는데 앞 동 건물 한가운데에서 뭐가 번쩍 하는 거예요. 저희 집하고 같은 높이니까 17층 정도 높이에서요. 까맣고 반짝이는 큰 눈을 가진, 아주 커다란 새가 건물 이쪽저쪽을 날아다녔어요.
- 곽재식 교수님 별그램에서 서천객에 대한 글을 본 그날이었어요. 날개 달린 신선이 하늘을 나는 모습을 제 눈으로 똑똑히 봤다니까요. 서천객이 분명합니다.
- 시험 공부한다고 새벽에 늦게 들어가는데 서천객이 바닥에 사뿐 내려앉는 게 보였어요. 저하고 눈이 마주쳤는데 바로 다시 날갯짓을 하더니 공중으로 날아올랐어요.

피해자

◆ 왕순진 군(7세, 서천객 목격자)
친구와 함께 서천객을 목격한 후 자신도 서천객처럼 하늘을 날 수 있다며 큰소리친 다음, 놀이터 미끄럼틀 위에서 점프하여 무릎과 손바닥에 가벼운 찰과상을 입음.

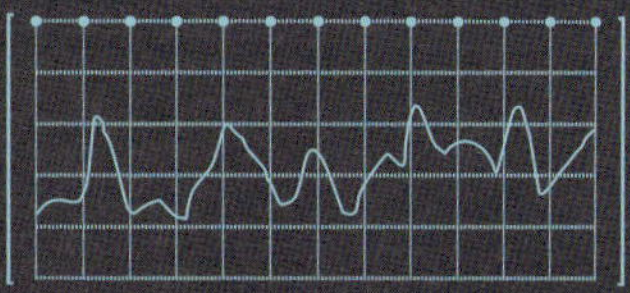

다희와 아영은 사건을 맡은 직후 관련 영상부터 고문서까지 모든 자료를 찾아봤다. 자료 검토를 마친 두 사람의 반응은 사뭇 달랐다. 아영은 진짜 신선을 만날 수도 있겠다며 잔뜩 신이 났고, 다희는 사건과 옛 기록이 미묘하게 어긋난다며 의아해했다.

“소문의 서천객이 정말 신선이면 어쩌죠? 도술을 가르쳐 달라고 할까? 만약 가르쳐 준다고 하면 다희 님은 어떤 걸 배우고 싶어요? 하늘을 나는 법?”

“에이, 세상에 신선이 어디 있어요.”

"앗! 또 꿈도 환상도 없는 반응이네요. 시시해라."

"꿈도 환상도 필요 없으니 제 이야기 좀 들어 주세요. 이 사건, 기록하곤 미묘하게 다르다고요."

다희는 자신이 적어 둔 메모를 가리키며 말했다.

"보세요. 이 기록에서 서천객은 금강산 근방, 그러니까 강원도 지역에 큰 눈이 오기 전 홀연히 나타나 날아다니는, 새도 사람도 아닌 괴물이라고 하잖아요. 하지만 이번에 그 괴물이 나타난 곳은 강원도 산골이 아닌 경기도 도심이에요."

"음? 뭐 장소야 바뀔 수도 있지 않을까요? 날개가 있으니 어디든 날아다닐 수 있겠죠."

"그뿐만이 아니에요. 다른 점은 또 있어요. 기록에선 서천객이 나타난 뒤에 눈이 많이 온다고 되어 있어요. 하지만 우리가 추적하는 괴물은 따지고 보면 눈이 내린 다음에 나타났어요. 사건의 선후 관계가 반대잖아요."

"어라? 정말 그러네요."

"네, 그러니까 이 부분에 집중해 봐요. 지금 이 괴물은 경기도 신도시 그중에서도 고급 아파트 단지에, 또 수많은 날 중 유독 큰 눈이 내린 후에만 나타날 이유가 있는 존재인 거죠. 괴물이라고 하기엔 뭔가 목적이 분명한 것 같지 않아요? 크기나 생김새를 봐도 사람이 아닐까 싶은데…….”

다희의 추리에 아영이 눈을 동그랗게 떴다. 듣기엔 아주 합리적인 추론 같았다.

하지만 목격자들 말에 따르면 커다란 날개로 하늘을 나는, 눈이 엄청나게 큰 괴물이라고 했다. 그게 어떻게 사람이란 말인가? 바로 그 이유 때문에 아영은 다희의 말을 받아들이지 못했다.

“하지만 사람이 어떻게 날아다녀요? 17층 높이에서 목격했다는 사람도 있는데요. 비행기나 헬리콥터를 탄 것도 아니고 그 높이는 무리죠.”

“그건 그렇지만…….”

“그러니 신선이 아니라고 단정하진 말자고요. 나는 아직 기대를 버리지 않았어요. 헤헤. 직접 수사부터 해 봐요, 우리.”

정체를 단정하기엔 정보가 부족한 게 사실이었다. 다희와 아영은 서천객의 실체를 밝히기 위해 서천객이 목격되었다는 경기도의 신도시를 향해 차를 달렸다.

다희와 아영이 수사를 시작한 지 일주일 째, 그사이 서천객의 출현 양상에 변화가 있었다. 전에는 큰 눈이 내린 다음에야 나타났던 서천객이 이제는 눈이 오지 않는 날에도 나타나기 시작한 것이었다. 서천객은 자신의 뒤를 쫓는 다희와 아영을 비웃기라도 하듯, 동에 번쩍 서에 번쩍 매일 다른 아파트에 나타났다. 매일 아침 새로운 서천객 목격담을 들을 때마다 두 사람은 바짝 약이 올라 수사에 열을 올렸다. 그러다 마침내, 결정적인 증거를 발견했다.

"발자국……. 맞죠?"

"네. 아무리 봐도 발자국이네요."

아파트 15층 외벽에 커다란 발자국이 찍혀 있었다. 서천객이라고 의심되는 괴물의 발자국이었다. 드론으로 외벽 사진을 찍다가 발자국을 발견한 것이다.

아영은 15층 높이에 발자국이 찍혔다는 이유로 서천객이 평범한 사람이 아닌 괴물이나 신선임이 틀림없다고 확신했다.

"봐요, 봐요! 세상 어느 사람이 아파트 15층에 발자국을 찍겠어요! 이번엔 진짜 괴물 서천객이 맞다니까요!"

"아니, 아영 언니……."

다희는 흥분하는 아영에게 찬물을 훅 끼얹었다.

"언니, 차분히 생각해 봐요. 세상 어느 괴물이 고무 밑창 달린 운동화를 신겠어요? 이 발자국은 사람이 신는 신발 자국이잖아요. 괴물이나 신선이 쇼핑을 할 리도 없고요."

"아……. 신선을 만나고 싶은 마음에 이성을 잃었나 봐요."

다희의 논리적인 추리에 아영이 멋쩍게 웃었다.

"그럼 기원 씨에게 사진을 보내서 이게 어느 브랜드의 운동화인지 알아봐요. 발 사이즈와 운동화 모델을 알면 시시 티브이로 범인을 찾는 데 도움이 될 거예요."

"아! 그러면 되겠네요!"

아영의 말에 다희도 박수를 치며 동의했다. 두 사람이 사진을 보내자 기원에게서 곧 문자가 도착했다. 문자에는 귀여운 엄지 척 이모티콘도 들어 있었다.

역시 멋져요. 괴물 팀 에이스들! 곧 범인을 찾을 수 있겠어요!

별것 아닌 것 같지만 발자국은 의외로 많은 정보를 담고 있다. 발 사이즈를 통해 성별이나 키를 추정할 수도 있고, 밑창에 새겨진 신발의 브랜드와 모델명을 추적해 연령대나 취향, 경제 수준을 가늠할 수도 있다.

발자국 정보로 추적이 훨씬 쉬워지는 것은 물론이다. 사건이 일어난 시간대에 주변 시시 티브이를 돌려 보면서 발자국으로 알아낸 정보와 일치하는 사람을 찾으면 되기 때문이다.

정보 지원 팀 직원들이 주변 시시 티브이를 샅샅이 살펴본 결과, 괴물 팀은 드디어 용의자를 지목할 수 있었다.

다희와 아영은 한 가전제품 수리 매장에서 위장 근무를 하고 있었다. 용의자가 이곳에서 무엇인가를 팔기로 했다는 첩보를 입수했기 때문이다. 아르바이트생인 척 위장한 두 사람이 매장 이곳저곳을 쓸고 닦은 지 30분 째, 40대로 보이는 한 남성이 슬렁슬렁 두 사람에게 다가와 물었다.

"저기, 사장님은 어디 계시죠? 에어컨 반도체 팔기로 한 사람인데……."

순간 다희와 아영의 눈이 번쩍 빛났다. 에어컨 반도체를 팔기로 한 남자! 바로 이 사람이 범인이었다.

"꼼짝 마! 특별수사청 괴물 팀이다!"

아영은 곧바로 수갑을 내밀어 범인을 제압했다. 바람같이 움직이는 아영에게 범인은 아무 저항도 못 하고 붙잡히고 말았다.

"으아앗! 대체 어떻게……."

범인이 뒤늦게 버둥거렸지만 이미 수갑이 단단히 채워진 후였다.

서천객이라 불렸던 괴물은 다름 아닌 가난한 발명가였다. 발명에 빠져 다니던 회사까지 그만두고 연구에 몰두했던 그는 마침내 하늘다람쥐의 모습과 글라이더의 원리를 이용해 하늘을 나는 옷을

전자 제품

만들어 냈다.

그는 이 위대한 발명으로 큰 부자가 될 거라고 생각했지만 아무도 그의 이야기를 들어 주지 않았다. 그의 초라한 옷차림과 어눌한 말투 때문에 발명품 이야기를 꺼내기도 전에 쫓겨나기 일쑤였다. 결국 그는 해서는 안 될 생각을 하고 말았다. 바로 자신의 발명품을 이용해 도둑질을 하는 것이었다.

가난한 발명가는 그렇게 밤마다 하늘을 나는 옷을 입고 아파트 이곳저곳을 돌아다니며 값비싼 에어컨 반도체를 훔쳤다. 겨울이라 아무도 에어컨을 켜지 않았기 때문에 도둑질을 해도 티가 나지 않았고, 갑작스러운 반도체 부족 사태로 몰래 사고파는 사람들이 늘어 파는 것도 어렵지 않았다. 최신형 에어컨이 가득한 경기도 신도시의 아파트 단지가 타깃이 된 것은 그 때문이었다.

사람들이 말했던 크고 그윽한 눈은 빛이 반사된 비행용 고글이었다. 그리고 신발! 발명가가 신은 신발은 패러글라이딩이나 스카이다이빙 같은 항공 스포츠를 할 때 신는 특수 신발이었기 때문에 정보 지원 팀이 추적하기가 쉬웠다.

큰 눈이 내린 다음 날에만 범행을 했던 이유도 밝혀졌다. 혹시라도 비행 중에 떨어질까 두려웠기 때문이었다. 범인은 눈이 쌓여 있으면 덜 다칠 거라고 생각해서 눈 내린 다음 날을 고집하다가 비행에 자신감이 붙은 뒤로는 날씨에 관계없이 닥치는 대로 도둑질을 한 것이다.

멋지게 사건을 해결한 다희와 아영은 특별수사청 휴게실에서 쉬고 있었다. 피곤한 두 사람의 눈에 띈 것은 휴게실 한편에 있던 사건 증거품, 하늘을 나는 옷이었다. 그걸 본 아영은 한숨을 쉬며 넋두리를 했다.

"어휴……. 신선의 도술을 익힌 진짜 서천객을 만나나 했는데 그냥 도둑이었다니 실망스럽기 그지없네요."

다희 또한 한숨을 쉬며 아영의 말을 거들었다.

"그러게요. 이렇게 멋진 옷을 개발하는 재주를 가졌으면서 도둑질이나 하다니. 이 재주를 훨씬 더 유용하게 쓸 수도 있었을 텐데……."

"그러니까요. 한 사람이라도 그 발명가의 이야기를 들어 줬다면 어땠을까요. 발명가도 큰 부자가 되고, 이 옷도 엄청 히트를 쳐서 너도 나도 하늘을 날고 있을지 모르는데……."

한숨을 쉬던 두 사람의 머릿속에 반짝 같은 생각이 떠올랐다. 하늘을 나는 건 역시 너무 큰 유혹이었던 것이다.

"다희 님, 우리 지금 같은 생각하는 거 맞죠?"

"그런 것 같은데요? 우리도 한번 날아 볼까요?"

"그래요! 우리도 서천객처럼 멋지게 날아 봅시다!"

두 사람은 벌떡 일어나 증거품을 챙겼다. 기회가 있을 때 비행을 경험해 보기 위해서였다. 옆에서 두 사람을 지켜보던 최기원이 어이없어 하며 함께 일어났다.

"아니, 이 분들이! 큰일 나요. 이건 압수예요."

두 사람은 눈 깜짝할 사이에 최기원에게 옷을 뺏기고 말았다. 눈앞에서 하늘을 날 기회를 잃은 다희는 아쉬워서 발을 구르며 떼를 썼다.

"아악! 기원 아저씨 치사해! 그것 좀 써 보면 어떻다고!"

"글쎄, 위험하다니까요."

뺏으려는 자와 뺏기지 않으려는 자의 다툼으로, 조용했던 특별수사청 휴게실은 한순간에 왁자지껄 소란스러워졌다.

도술을 배우면 **하늘을 날 수 있다**?

깃털로 뒤덮인 신선 같은 괴물의 정체는?

죽지 않고 영원히 사는 것과 하늘을 나는 것은 인간이 오랫동안 꿈꿔 온 소망입니다. 중국에서는 도교의 영향으로 신선이 되어 구름을 타고 하늘을 나는 사람의 이야기가 유행했는데, 한반도에도 비슷한 문화가 퍼졌습니다. 조선 인조 때의 학자 홍만종이 쓴 《증보해동이적》에 나온 서천객과 안시객 전설도 그런 신선 이야기의 일종이에요. 《증보해동이적》에서 서천객과 안시객은 모두 온몸이 깃털로 뒤덮인 채 두 날개로 자유롭게 하늘을 나는 모습으로 묘사됩니다. 서천객의 나이에 대해서는 기록이 없지만 안시객은 고구려 때부터 고려 시대까지 수백 년간 살아온 것으로 그려지지요. 즉 서천객과 안시객은 영생과 비행이라는 인간의 오랜 욕망을 그대로 반영한 이야기라고 볼 수 있습니다.

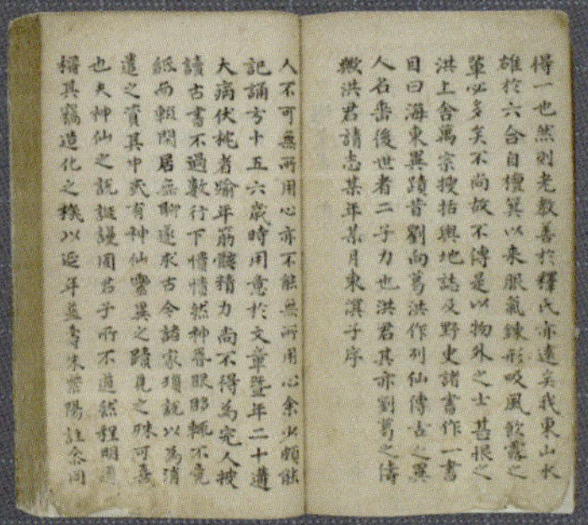

《증보해동이적》 중 안시객

서천객은 어떤 사람인지 알 수 없지만 금강산을 왕래하다가 하늘에서 큰 눈이 내릴 때마다 반드시 눈 내리기 전에 절로 날아왔는데, 모습이 큰 새와 같으며 온몸이 깃털로 덮여 있었다. 그를 자세히 살펴보면 깃털에 덮인 그윽한 눈을 볼 수가 있다.

일본 전역에서 사는 일본 원숭이입니다. 나무 사이를 자유자재로 뛰어다니는 원숭이의 몸짓은 나는 듯 보이기도 하지요.

이와 비슷한 듯 다른 이야기가 홍만종이 쓴 다른 책 《순오지》에 실려 있습니다. 여기서는 한 승려가 깊은 밤중에 공중에서 날듯이 내려오는 알 수 없는 형체를 보고는 그물을 설치해 잡았다고 해요. 이 괴물은 얼굴과 눈, 팔다리는 모두 사람과 같았으나 온몸이 긴 털로 뒤덮여 있었고, 사람처럼 말하는 대신 새와 같은 소리를 냈다고 합니다.

괴물의 생김새나 체구, 온몸을 뒤덮은 털, 나는 듯한 움직임 등은 앞서 이야기한 서천객, 안시객과 같지만 《순오지》 속 괴물에는 날개에 대한 언급이 없습니다. 날개는 없지만 나는 듯 움직이는, 온몸이 털로 뒤덮인 사람 같은 동물, 원숭이와 비슷하지 않나요? 어쩌면 외국에서 들여와 키우던 원숭이가 야생으로 탈출한 것을 원숭이에 대해 전혀 모르는 사람이 우연히 보고 이처럼 신비롭게 묘사한 것은 아닐까요? 지금 한반도에는 야생에 원숭이가 살지 않지만 조선 초기에 일본에서 선물로 받았다는 기록이 있으니 불가능한 이야기는 아닙니다.

오토 릴리엔탈의
무동력 비행기

하늘을 날고자 했던 과학자들

하늘을 날고자 하는 욕망을 과학으로 풀고자 했던 사람들도 있었습니다. 우선 비행기를 가장 먼저 생각했다고 알려진 사람은 레오나르도 다빈치예요. 〈모나리자〉를 그린 화가로 더 잘 알려진 다빈치는 천재적인 과학자이자 발명가이기도 했지요. 다빈치는 새들이 나는 방식을 연구하면 사람도 날 수 있을 거라고 생각했어요. 그래서 〈새들의 비행에 관해〉라는 연구를 통해 상상 속 비행 기계를 설계했지요. 당시의 과학 기술과 재료로는 다빈치의 꿈을 실현할 수 없었지만, 그가 설계한 비행기에는 조종사가 비행기 날개를 펄럭이는 기어와 레버까지 달려 있었다고 해요.

최초로 하늘 위로 날아오른 사람은 누구일까요? 18세기 말 프랑스의 몽골피에 형제가 그 주인공입니다. 이들은 최초의 열기구를 만들어 2킬로미터 높이까지 날아오를 수 있었지요. 한편 19세기 말 독일의 발명가 오토 릴리엔탈은 사람이 조종할 수 있는 최초의 글라이더를 만들었어요. 물론 동력이 없었기 때문에 비행 거리는 250미터 정도밖에 안 됐지만 이 발명을 계기로 라이트 형제가 동력을 이용한 비행기를 만들기 시작했다고 하지요.

호기심 과학 Q&A

하늘을 나는 비행 슈트가 정말 있나요?

비행 슈트의 역사는 생각보다 오래되었습니다. 양다리와 양팔 사이에 날개가 달린 하늘다람쥐의 모습을 본떠 만들어진 윙슈트는 그 기원이 무려 1912년까지 올라가지요. 물론 이때 만들어진 윙슈트는 별도의 동력이 없는 낙하산에 가까운 형태였고 안전상의 문제도 심각했습니다. 실제로 맨 처음 윙슈트를 만든 프랑스 발명가가 에펠탑에서 뛰어내렸다가 즉사하는 바람에 실험이 중단되기도 했지요. 비행 슈트를 개량하기 위한 연구는 지금도 계속되고 있어요. 최근에는 윙슈트에 추진력을 내는 모터까지 장착되어 비행의 꿈에 한 발 더 다가섰습니다. 하지만 안전 문제 때문에 아직 상용화되지는 않고 있어요.

맨처음 윙슈트를 만들어 비행 실험을 했다고 알려진 프랑스의 재단사 프란츠 레이첼이에요.

윙슈트는 스카이다이빙을 즐기는 사람들에게 인기를 끌고 있어요.

비행슈트를 입으면 얼마나 높이 날 수 있나요?

산소와 기압, 기온 등의 문제 때문에 인간이 맨몸으로 올라갈 수 있는 고도에는 한계가 있습니다. 일반적으로 2400미터부터 산소 부족으로 인한 고산병 증세가 나타난다고 하니 그보다 높이 비행하는 것에는 무리가 있겠지요.

사건 파일 5 현구

저절로 움직이는 저주 바위, 그 정체는?

사건 파일 5

움직이는 저주 바위 사건

사건 개요

전라북도 진안에 자신이 초능력자라고 주장하는 사람이 나타남. 특히 초능력자가 염력으로 움직이는 거대한 바위는 무시무시한 저주를 내린다고 함.

제보 내용

처음에는 저도 흔한 조작 영상이라고 생각했어요. 그런데 아니더라고요. 제가 영상 기술 공부를 좀 해 봐서 알거든요. 이것 보세요. 딱 봐도 수백 킬로그램은 넘을 것 같은 바위가 초능력자님 손짓 한 번에 스르륵 움직이잖아요.

믿으셔야 해요. 아니면 화를 당합니다. 저도 바위의 저주를 받아 의식을 잃고 쓰러졌다가 초능력자님이 살려 주신 거예요.

그냥 바위가 아니에요. 바위 위에 새겨진 그 무늬 보셨어요? 육각형 같기도 하고 별 모양 같기도 한 그 무늬에 저주가 담긴 게 아닐까요?

Sign in

Password

신뢰도

60%

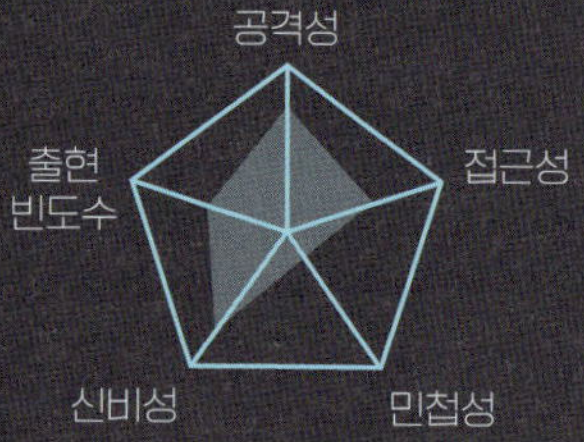

피해자

◆ 인싸맨(33세, 유튜버)

초능력자가 저주 바위를 움직일 때 갑자기 쓰러지면서 약한 뇌진탕 증세를 보임. 이때 몰래 숨겨 들여왔던 방송용 카메라를 초능력자에게 빼앗김.

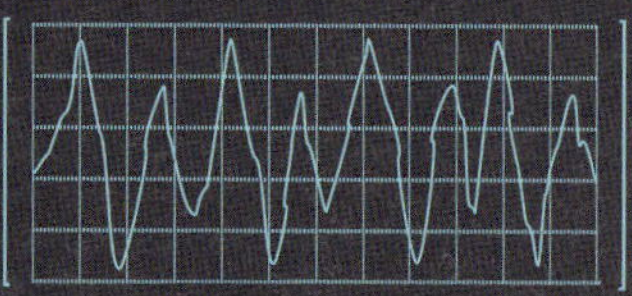

저녁 무렵 사람들로 복작복작한 마트, 그곳에 다희가 있었다. 진지한 표정으로 감자 두 봉지를 번갈아 보면서 말이다.

'대체 이 감자가 왜 더 싼 걸까? 둘 다 유기농이고 그램 수는 같은데…….'

다희가 고민하는 사이 누군가 다희의 뒤에 섰다. 돌아보니 그곳엔 헤헤 웃는 아영이 있었다. 다희는 놀라 물었다.

"응? 언니, 오늘 야근이라면서요."

"취소됐어요! 그래서 다희 님 맛있는 거 해 주려고 마트에 왔는데, 여기서 만났네요."

"전 언니 야근이라기에 혼자 카레라도 해 먹으려고 했죠……."

다희는 붉어진 얼굴로 우물쭈물 말꼬리를 흐렸다. 감자 하나로 진지하게 고민하던 게 왠지 부끄러웠기 때문이다.

"그렇구나! 근데 감자는 왜 그렇게 노려보고 있었던 거예요?"

이럴 땐 그냥 넘어가는 법이 없다. 다희는 약간 기죽은 목소리로 진실을 말했다.

"아니, 같은 유기농에 무게도 같은데 가격이 너무 달라서요."

"아하. 크기 때문에 가격 차이가 난 거예요. 같은 감자라도 보통 큰 게 더 맛있거든요. 까기도 쉽고요. 하지만 카레 만들 땐 한번에

넣고 푹 끓일 거니까 굳이 비싼 걸 고를 필요 없겠죠. 음, 여기 반값 할인 채소 중에 크고 상태 좋은 감자가 있네요."

말은 마친 아영은 다희의 장바구니를 뺏어 들었다. 다희는 입을 떡 벌린 채 아영이 능숙하게 장 보는 모습을 지켜봤다.

'허술한 언니인 줄 알았는데 이렇게 야무진 모습도 있네.'

다희의 눈빛을 읽었는지 아영이 쑥스러워하며 말했다.

"하하, 별거 아니에요. 나이 들면서 알게 되는 생활의 지혜랄까요……."

다희는 아영과 함께 마트를 돌면서 잠깐 어른의 지혜에 대해 생각했다. 시간은 사람을 얼마나 현명하게 하는 걸까 고민하던 그때, 아영의 휴대폰이 울렸다.

"네, 이아영입니다."

전화를 받은 아영이 수화기 너머의 상대와 몇 마디 대화를 나누었다. 그러다 곧 당황스러운 목소리로 되물었다.

"네? 진안이요?"

아영의 말에 다희도 눈을 크게 떴다. 진안? 전라북도 진안 말인가? 아무래도 또 괴물 팀, 그러니까 '괴이한 정보 및 생물 처리 팀'이 처리할 사건이 생긴 모양이었다.

'아영 언니 야근 취소됐다고 좋아했더니 출장 가게 생겼네.'

이번 사건은 소시민의 금전 피해가 막심한 사건이었다. 사건의 개요는 이랬다.

전라북도 진안에 자신을 초능력자라고 말하는 한 남자가 있다. 그가 쓸 수 있다고 말한 초능력은 다양했다. 투시, 예지 등은 물론이고 염력으로 물건을 옮길 수도 있단다. 그가 초능력을 쓰는 영상이 인터넷에서 화제가 되기도 했다.

초능력자는 피해자들에게 기 수련을 배우면 누구나 초능력을 쓸 수 있다며 고액의 수업료를 받았다. 기 수련에 도움이 된다며 판매한 액세서리 가격만 수억 원대였다. 피해자들은 아무리 수련을 해도 초능력 같은 건 생기지 않았다며 분통을 터뜨렸다. 돈을 돌려 달라고 해도 초능력자는 수련이 부족해서 그런 거라고 말을 잘랐다.

실제로 초능력자가 보여 주는 능력은 초능력이 아니면 설명하기 어려운 것들이라 사기로 신고하기에도 애매한 상황이었다. 이 사건에 괴물 팀이 투입된 이유는 바로 그 때문이었다.

다음 날 아침, 진안에 도착한 두 사람은 문제의 초능력자를 만나러 갔다.

“사람은 누구나 기를 가지고 있어요. 뭔가 이상한 느낌이 들어서 뒤를 돌아보면 누군가 나를 쳐다보고 있었던 적 있죠? 그건 바로 그 사람이 쏘아 보낸 기를 맞은 겁니다. 이렇게 평범한 사람들도 어느 정도는 기를 쓸 수 있어요. 저처럼 수련을 오래 하면 기를 자유자재로 움직여서 초인적인 힘도 쓸 수 있고요. 그게 바로 초능력입니다!”

다희와 아영은 지루한 표정으로 초능력자라는 노인의 설명을 들었다. 개량 한복을 입고 허연 수염을 길게 늘어뜨린, 범상치 않은 모습의 노인이 바로 그 초능력자였다. 그를 만나려면 한 달 전에 예약을 해야 한다고 했지만, 초능력자는 전날 밤 연락한 특별수사대의 요청에 바로 응했다. 그는 정부 기관의 조사에도 기죽지 않고 자신이 진짜 초능력자라고 주장했다.

"이 기 팔찌를 차면 수련이 훨씬 더 쉬워집니다. 이게 동굴에서 캐낸 천연 자수정인데 여기에 내 기를 담아 뒀습니다. 여러 광물들 중에 이 붉은 자수정만 내 기운을 버텨 내더군요. 이 팔찌는 단돈 600만 원입니다. 수십 년 내공이 아니면 만들 수 없는 영험한 물건이죠. 물론 기 수업도 있습니다. 한 명씩 일 대 일로 하는 수업인데 10회에 2000만 원입니다. 초능력을 갖는 데 이 정도라니, 너무 저렴하죠."

'팔찌가 600만 원에 수업료가 2000만 원이라고?'

너무도 비싼 가격에 다희와 아영은 경악을 금치 못했다. 이 초능력자에게 전 재산을 바친 피해자가 한둘이 아니라더니, 다희와 아영의 주머니까지 노리는 모양이었다.

하지만 아무리 말솜씨가 화려해도 다희를 속일 수는 없었다. 초능력자의 말은 그럴듯했지만 다희는 시종일관 냉랭한 표정으로 반

박할 말이 없나 고심했다.

"수련으로 투시나 예지 같은 초능력을 가질 수 있다면 어째서 지금까지 그 방법이 알려지지 않았을까요? 아직 과학적으로는 아무 검증도 안 됐잖아요. 수련을 하면 다른 사람의 생각도 읽을 수 있다고 하셨는데, 그럼 지금 제가 무슨 생각을 하는지 말씀해 주세요. 할아버지 능력을 여기서 시험해 보는 거예요."

다희가 쏘아붙이는데도 초능력자는 귀엽다는 듯 허허 웃을 뿐이었다.

몇 초쯤 지났을까. 순식간에 표정을 바꾼 초능력자가 다희와 아영을 날카롭게 쳐다보았다. 몇 분간 말없이 두 사람을 쳐다보던 초능력자는 의미심장한 목소리로 아영에게 말했다.

"허허, 이쪽의 아름다운 아가씨는 짝사랑을 하고 있군요. 꽤나 깊은 마음이고요. 호오, 지금 몹시 궁금하군요. 상대방은 아가씨에게 어떤 감정인지 말예요. 내가 한번 알아봐 줄까요?"

"헉!"

마음을 들킨 아영은 깜짝 놀랄 수밖에 없었다. 초능력자는 그 모습을 보며 씨익 웃더니 곧 다희 쪽으로 고개를 돌렸다.

"이런, 이런. 불쌍하기도 하지. 양쪽 부모 모두에게 버림받았군

Z
믿습니다!

그쪽 생각을 한번
읽어 볼까요?
허허. 이런…….

요. 부모 도움 없이 혼자 서야 할 팔자라니, 세상에 가엾어라. 그나마 지금은 귀인이 도와주어 같이 살고 있군요. 그러나 내게 귀인이라고 그 사람에게도 내가 귀인은 아닌 법. 귀인의 짐이 되고 있다는 생각이 아가씨를 힘들게 하는군요."

다희의 속사정을 훤히 꿰뚫은 말이었다.

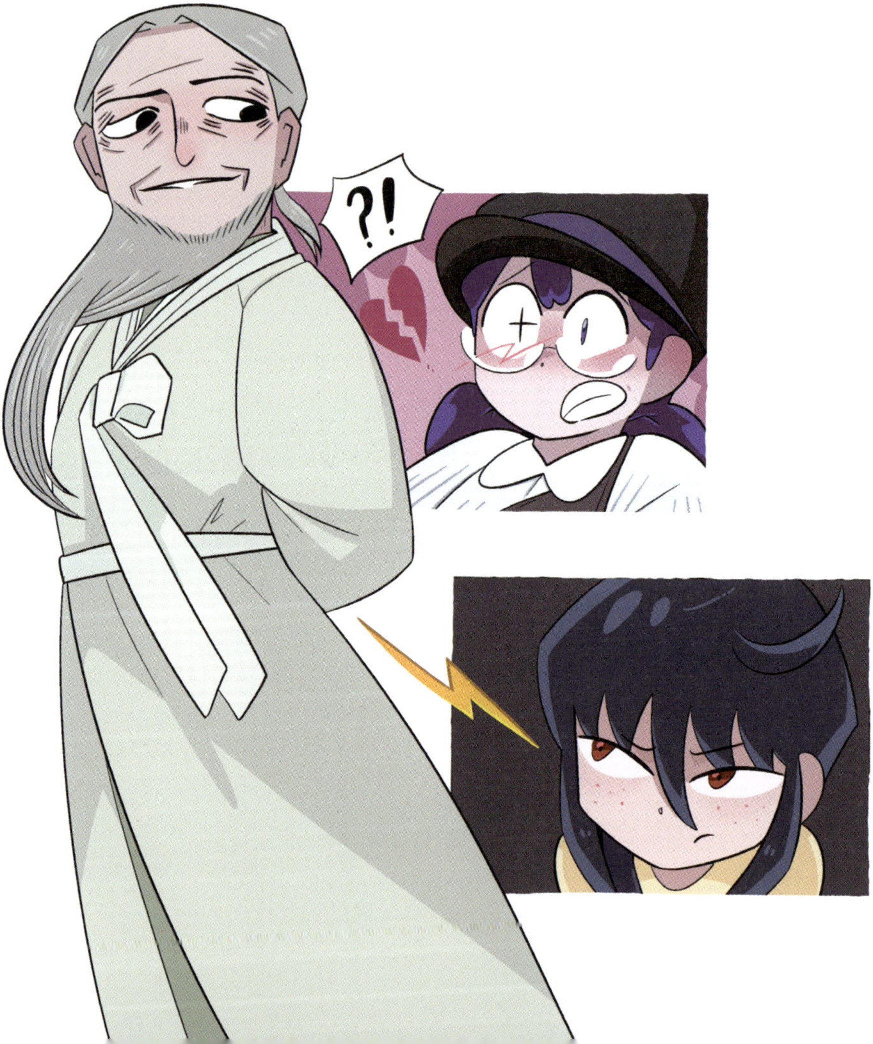

하지만 다희는 놀라지 않았다. 오히려 다희의 눈빛은 전보다 더 차가워졌다.

"전 안 믿어요. 우리는 여기 오기 전에 예약을 하고 왔어요. 저희뿐 아니라 할아버지를 만나려는 모든 사람들이 예약을 해야 하죠. 요즘 같은 시대엔 하루면 상대방의 정보를 다 조사할 수 있어요. 심부름꾼을 써서 우리를 조사한 거죠?"

"흠……. 믿음이 없군요. 저는 진짜 초능력을 써서 손님들에 대해 알아낸 것뿐입니다."

초능력자는 뻔뻔하게 발뺌했다. 그런데도 다희의 추궁은 멈추지 않았다.

"아까 저기서 투시 능력을 보여 준다면서 사람들에게 카드를 고르라고 시켰죠. 그 정도는 마술사라면 누구나 하는 기본적인 트릭이에요. 카드에 표시를 해 두거나 순서를 조작하면 얼마든지……."

이번에는 초능력자도 짜증이 났는지 다희의 말을 끊고 끼어들었다.

"그럴 리가요? 손님들에게 카드를 직접 가져오게 했는데요. 원한다면 카드가 아닌 걸로 투시 능력을 보여 줄 수 있……."

그래도 다희는 굽히지 않았다.

"아니면 카메라를 썼겠죠. 몸 안에 통신기를 숨겨 놓고 다른 사람에게 카메라에 찍힌 카드를 읽어 주게 했죠? 어디 그 초능력도 한번 보여 주세요. 아무것도 없는 저 공터에서요."

"……."

이번에야말로 초능력자가 입을 다물었다. 그는 목이 타는 듯 앞에 놓인 찻잔을 들었다. 다다다 말을 쏟아 낸 다희도, 긴장한 채 상황을 지켜보던 아영도 그를 따라 차를 마셨다. 향이 아주 진한 꽃차가 목 안을 데우며 넘어갔지만 누구도 그 향기에 안정감을 얻지는 못했다. 모두가 차를 마시자 초능력자는 결연한 표정으로 자리에서 일어났다.

"아무래도 꼬마 아가씨에겐 다른 걸 보여 드려야겠군요. 내 진짜를 보여 드리리다. 두 분 다 따라오시지요."

초능력자는 벌떡 일어나 기 수련 센터 밖으로 나갔다. 다희와 아영은 해볼 테면 해봐라 하는 마음으로 그를 좇아 나섰다. 산 중턱에 위치한 기 수련 센터 앞에는 사람들이 모여 수련을 하는 거대한 공터가 있었다. 산이 병풍처럼 사방을 둘러싼 풍광 좋은 곳이었다.

그는 공터 한가운데에 자리를 잡더니 멀찍이 떨어진 큰 바위 하나를 가리켰다.

"저기 저 바위가 보이십니까? 저 바위는 그냥 바위가 아닙니다. 신비한 문양을 지닌 이곳 진안 땅의 신물이죠."

다희는 아무 대꾸도 하지 않았다. 다희도 그 바위에 대해 알고 있었다. 초능력자가 유명세를 탄 것은 바로 그 바위를 염력으로 움직이는 영상 덕분이었다. 처음에 다희는 이 영상 역시 조작이 분명하다고 생각했다. 하지만 전문가에게 의뢰한 결과 영상에는 어떤 조작도 없다고 했다. 그래서 다희는 초능력자가 바위 이야기를 꺼낸 것이 내심 반가웠다.

"제가 초능력으로 저 바위를 움직여 보지요. 다만……. 저 바위는 신물이라 신묘한 도를 믿지 않는 이들에게 저주를 내릴 수도 있으니 조심하시오.”

“하하.”

저주라니 다희는 기가 차서 자기도 모르게 고개를 저으며 낮게 웃었다. 바위가 저주를 내린다면 세상 모든 것들이 인간에게 저주를 내리지 않겠는가. 숟가락 젓가락도 의자도 책상도 말이다. 하지만 다희는 어떤 물건에도 저주를 받은 적이 없었다. 다희의 비웃음에도 초능력자는 진지하게 영화 속 무림 고수처럼 자세를 취하고는 큰 소리로 기합을 넣었다.

“하이야앗!”

다희와 아영은 팔짱을 끼고 초능력자를 구경했다. 저렇게 커다란 바위를 무슨 수로 움직인다는 건지. 그런데……. 잠시 후 놀라운 일이 일어났다. 정말 그 거대한 바위가 천천히 움직이기 시작한 것이다.

"이게 무슨?"

믿을 수 없는 광경에 다희와 아영은 두 손으로 입을 가렸다. 다희는 어떻게 이런 일이 가능한지 이성적으로 생각하려고 했다. 바위를 당기는 끈 같은 건 어디에도 보이지 않았다.

일종의 착시 현상인가? 평평한 땅인 듯 보이지만 실은 경사가 있어서 바위가 굴러갔을 수도 있다. 하지만 주변의 다른 돌들은 어떤 움직임도 없었다. 게다가 초능력자가 기를 불어 넣기 시작한 이후부터 오직 그 바위만 움직이기 시작한 것이라 그렇게 보기엔 어려웠다.

저 바위가 자성이 아주 강한 광물이라 땅속에 자석을 설치해서 움직이는 걸까? 저만큼 크고 무거운 바위를 움직이려면 그만큼 큰 자석과 첨단 장비를 동원해야 할 텐데……. 그런 것은 불가능에 가까웠다. 게다가 지금 초능력자는 빈손이었다.

아무리 머리를 굴려도 이 현상의 과학적인 원인을 알 수 없었다. 그뿐만이 아니었다.

"다희 님, 갑자기…… 몸에 힘이……."

"언니, 저도……."

다희와 아영은 갑자기 머리가 핑 돌면서 비틀대기 시작했다. 바위가 움직이기 시작할 때부터 두 사람은 온몸에 힘이 빠지는 느낌이 들어 제대로 서 있기가 힘들었다. 두 사람이 비틀거리는 모습을 보며 초능력자는 꼴좋다는 듯 외쳤다.

"몸에 힘이 빠지죠? 지금쯤 제대로 서 있기도 힘들 겁니다. 모두 저를 믿지 않은 대가입니다! 바위의 저주입니다!"

통쾌하게 웃는 초능력자를 보며 다희는 이를 갈았다. 지금은 바위가 움직이는 이유도 몸에 힘이 빠지는 이유도 알 수 없지만 이 모든 것엔 논리적이고 과학적인 이유가 있을 게 분명했다.

게다가 지금 그들이 겪는 일은 그간 초능력자가 얼마나 악랄하게 피해자들을 속였는지를 분명하게 보여 주었다. 이런 일을 숱하게 겪은 아영과 다희도 지금 상황이 당황스럽고 두려운데, 평범한 사람들은 얼마나 더 무서웠을까.

"다음에…… 다시 찾아오죠."

두 사람은 분했지만 그만 물러나기로 했다. 이 보 전진을 위한 일 보 후퇴였다. 두 사람은 서로를 부축한 채 천천히 기 수련 센터에서 나왔다. 그러고는 반드시 돌아와서 저 사기꾼의 거짓말을 만천하에 밝히자고 결심했다.

기운을 회복한 두 사람은 먼저 저주 바위의 정체부터 밝히기로 했다. 우선 초능력자가 올린 바위 영상을 모두 살펴보았다. 하지만 몇 번을 봐도 어떤 속임수를 쓰는지 밝혀낼 수 없었다.

대신 기묘한 사실 하나를 발견했다. 바위의 무늬가 굉장히 특이하다는 것이다. 이끼로 뒤덮여 조금 흐릿했지만 바위 표면에는 오각형, 육각형 등의 규칙적인 무늬가 가득했다. 처음에는 초능력자가 바위의 신령함을 강조하려고 일부러 무늬를 새긴 게 아닐까 의심했지만 곧 그렇지 않다는 걸 알았다. 맨 처음 나온 영상에도 이끼와 무늬의 상태가 똑같았기 때문이다. 새로 새긴 무늬라면 이끼가 있을 리 없었다. 결국 그 무늬는 바위 자체의 무늬라는 뜻이었다.

두 사람은 모든 영상을 정보 지원 팀에 보내 분석을 요청했다. 그런 뒤 바위가 있던 곳으로 직접 출동했다.

주홍빛 노을이 산등성이에 걸릴 무렵 두 사람은 목적지에 도착했다. 그런데 초능력자가 선수를 쳤는지 바위가 보이지 않았다. 두 사람은 어쩔 수 없이 바위가 있던 자리 주변을 자세히 살펴보기로 했다. 그 결과 몇 가지 특징을 발견했다.

첫째, 바위가 움직인 자국이 특이했다. 초능력으로 바위를 움직였다면 커다란 바위가 통째로 밀린 자국이 남아야 하는데 그런 것은 보이지 않고 작은 발자국 같은 것만 드문드문 남아 있었다.

또 주변의 풀 상태가 이상했다. 듬성듬성 잘려 나간 모양이 손으로 뽑은 것도, 낫 같은 도구로 가지런히 자른 것도 아니었다. 마치 누군가가 윗부분을 잘근잘근 씹은 듯한 모양새였다.

기묘한 일이었다. 초능력자가 풀을 자르는 초능력이 있다는 얘기는 한 적 없는데……. 왜 하필 초능력을 펼친 이곳에 이상하게 잘린 풀들이 모여 있을까? 다희는 바위가 움직인 것과 기묘하게 잘린 풀 사이에 어떤 연관성이 있는 것 같다고 확신했다. 사건의 실마리를 찾았다는 느낌에, 다희는 이상하게 잘린 풀 몇 포기를 뽑았다.

"언니, 이 풀이 특히 많은 곳을 찾아봐요."

"뭔가 짐작 가는 게 있나요?"

"글쎄요. 하지만 이 단서를 쫓으면 사건을 해결할 수 있을 것 같은 느낌이 들어요."

다희의 말에 아영이 고개를 끄덕였다. 두 사람은 곧바로 마을 사람들에게 이 풀이 많은 곳에 대해 물었다.

마을 사람들을 통해 알아낸 곳에 바로 그 바위가 있었다. 두 사람은 멀리서 바위를 보고 멈칫했다. 눈을 가늘게 뜨고 정말 초능력자가 옮기는 그 바위가 맞나 살펴보니 정말 그 바위였다. 그러다 다희는 무언가 깨달았다.

"아영 언니, 저도 초능력을 쓸 수 있을 것 같아요."

"네에? 뭐라고요?"

갑작스러운 다희의 말에 아영은 깜짝 놀라 어깨를 들썩했다. 다희는 그런 아영을 보며 씨익 웃더니, 갑자기 요상한 포즈를 취하고는 크게 외쳤다.

“얄리얄리 얄라셩! 움직여라!”

다희의 웃긴 주문과 함께 바위가 꾸물꾸물 움직이기 시작했다. 아영은 믿을 수 없다는 눈으로 다희와 바위를 번갈아 봤다.

“아니, 다희 님? 정말? 정말 초능력? 어? 어어? 어?”

너무 놀라서 말을 잇지 못하는 아영을 보고 다희는 비로소 막힌 속이 뻥 뚫려 까르르 웃었다.

“하하하! 언니도 참! 이 세상에 초능력이 어디에 있어요! 잘 봐요. 저건 바위가 아니에요. 저건…….”

다희의 말에 아영은 비로소 바위를 차분히 살펴볼 수 있었다. 그리고 뒤늦게 그 황당한 정체를 알아챘다.

“저건, 거대한……. 거북이네요.”

바위는 바위가 아니었다. 그건 거대한 등껍질을 지닌 거북일 뿐이었다. 바위의 정체를 알고 나니 그제야 사기꾼의 수법을 알 수 있었다.

“네. 거북치고는 너무 큰 데다 등껍질에 이끼까지 껴 있어서 멀리서 보면 꼭 바위 같죠. 살아 있는 거북이니까 움직이는 게 당연하고요. 자칭 초능력자는 크게 소리를 쳐서 거북을 움직이게 하고 그게 초능력인 척 사람들을 홀린 것뿐이에요. 이 주변의 풀이 잘린 것도 당연하죠. 거북은 이 풀들을 먹으러 여기 왔을 테니까요."

"그러게요. 사람들은 바위가 움직이는 게 이상해도 차마 바위 가까이 와서 확인할 생각까진 못했을 거예요. 저주를 내리는 바위라고 했으니까요. 그래서 아무도 이 바위의 정체를 알아채지 못했군요."

"네. 그리고 하나 더 의심되는 건……. 우리가 기 수련 센터에서 마신 차예요. 거기에 근육 이완제 같은 약을 탄 게 아닐까요? 그것 때문에 갑자기 힘이 빠져서 당황한 우리에게 초능력자는 저주가 내렸다고 겁을 준 거죠. 자기 말을 믿을 수밖에 없도록 말예요."

바위의 정체를 알아내자 다른 의문들도 줄줄이 해결되었다. 아영도 다희의 추측에 동의하며 고개를 끄덕였다.

"맞아요. 그 차가 수상해요. 이제 와 생각하니 차 향기가 유달리 강했던 것도 약의 맛과 향을 숨기기 위해서인 것 같네요. 당장 가서 압수하고 성분 조사를 의뢰해야겠어요. 모든 걸 밝히고 사람들을 속여 얻어 낸 부당한 이익을 모두 찾아와요!"

아영은 의욕에 차 씩씩거리다가 갑자기 생각났다는 듯 수줍은 표정으로 기원에게 전화를 걸었다.

"기원 씨, 아까 보내 줬던 영상의 바위가 알고 보니 거북이었어요. 그런데 이게 거북이라고 하기에는 말도 안 되게 커서 정보 지원 팀에서 한번 알아봐 주셨으면 해요. 보호종일지도 모르고요."

용건을 전하고도 한참 통화를 이어 가던 아영은 바로 자신이 해야 할 일을 깨닫고 서둘러 마을로 내려갔다. 한시라도 빨리 사기꾼의 정체를 밝히고 피해자들을 구하기 위해서였다.

다희는 달려가는 아영의 등을 바라보며 천천히 산길을 걸었다. 해 질 무렵 산등성이에 걸린 노을이 무척 아름다웠다. 얼마 지나지 않아 최기원에게 전화가 왔다.

다희 님, 아영 씨가 전화를 안 받네요. 보내 준 영상 분석 끝냈어요. 그 거북은 아프리카 동쪽 인도양 지역에 사는 알다브라코끼리거북 같아요.

"아프리카 인도양이요?"

의외의 사실에 다희가 눈을 끔뻑였다. 저 멀리 아프리카에서 온 거북일 줄이야.

'대체 그 먼 곳에서 어떻게 한국까지 온 걸까? 사람이 기르다 버린 걸까? 아니면 동물원에서 탈출이라도 한 걸까?'

다희의 궁금증을 해소해 주듯 기원이 설명을 덧붙였다.

그쪽 전문가 말론 크기를 보니 적어도 700살은 된 것 같다고 하더군요. 신기해서 찾아보니 그 근방에 신기한 전설이 있더라고요. 500여 년 전 조선 시대에 정지승이라는 시인이 진안에서 현구라는 신비한 거북을 타고 다녔다는 전설이에요. 나이도 비슷한 게 어쩌면 그 거북이 전설 속 정지승 시인이 타고 다닌 거북일지도 몰라요.

"700살이라니, 게다가 아프리카에서……."

거북의 출신도 놀라운데 나이는 더 놀라웠다. 다희의 놀람을 뒤로하고 기원의 설명이 이어졌다.

말이 안 되는 건 아니에요. 14세기에 고려와 가까웠던 몽골은 중동, 인도 지역과 교류가 많았거든요. 지금은 알다브라코끼리거북이 마다가스카르 북서쪽 알다브라 제도 근처에 살지만 과거에는 중동, 인도에까지 퍼져 있었을 가능성이 있어요. 거기서 몽골로 왔다가 고려로 넘어왔다고 생각하면 말이 되죠.

"하아……."

까마득한 과거 이야기에 다희는 정신이 아득해졌다. 그러거나 말거나 기원은 700살 거북을 발견해 신이 난 것 같았다.

일단 그 거북을 연구소로 보내 검사할 생각이에요. 그런 다음 거북을 돌봐 줄 시설을 찾아보려구요. 그나저나 700살 거북이라니 정말 대단하지 않아요? 인간은 100년 정도밖에 못 사는데 말이에요.

기원은 기분 좋게 하하 웃은 뒤 전화를 끊었다. 충격에 빠진 다희는 멍하니 서 있었다. 14세기부터 살아온, 조선 시대 시인과 친구였던 거북. 정말 대단한 거북을 발견한 게 아닌가.

다희는 터덜터덜 걸으면서 마트에서 아영과 나눴던 대화를 떠올렸다. 시간이 흐를수록 지혜가 쌓인다면 700년을 산 거북은 얼마나 현명할까. 인간들은 이 거북에게 배울 점을 찾아야 하지 않을까. 다희는 잠깐 거북이 인간을 어떻게 볼지 생각해 보았다. 고작 100년도 못 사는 인간들이 이렇게 서로 속고 속이며 사는 걸 보면 우습지 않을까? 다희는 '거북이 인간보다 낫다' 하고 중얼거리며 천천히 산에서 내려왔다.

사람을 태우고 다니던 **거대 생명체**?

도인이 길들인 신령한 거북

조선 중기의 학자 김창흡의 시문집 《삼연집》에는 16세기에 활동한 정지승이라는 시인이 신령스러운 거북을 길들여서 산속에서 타고 다녔다는 이야기가 실려 있습니다. 정지승과 거북 이야기는 그보다 시대가 앞선 《어우야담》에도 실려 있어 그때 당시에 널리 알려진 이야기라는 것을 알 수 있지요.

그런데 《어우야담》 기록에 따르면 정지승 시인이 타고 다닌 거북은 높이와 너비가 모두 4~5척(약 120~150센티미터)이었다고 합니다. 바다거북을 제외하고 한반도에서 사는 거북은 남생이와 자라, 붉은귀거북 3종뿐인데, 이들 중 크기가 가장 큰 붉은귀거북도 최대 60센티미터 정도밖에 자라지 못합니다. 따라서 정지승 시인이 거북을 타고 다녔다는 기록이 사실이라면 그 거북은 멀리 중동이나 인도 지역에서 들어온 거북일 것입니다.

조선 선조 때의 시인 정지승은 도인 같은 삶 때문에 후대의 여러 문집과 야담집에 신비한 일화를 남겼어요. 100년 후 사람인 김창흡은 《삼연집》에 정지승이 살았던 전라도 진안군 일대를 둘러보고 기행문을 남겼는데요. 여기에 정지승이 구름 같은 흰 기운을 뿜어 올리는 신묘한 거북을 타고 다녔다는 이야기가 실려 있습니다.

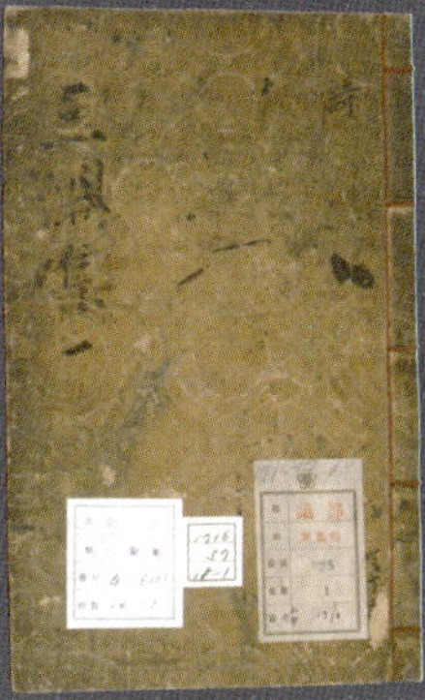

그렇다면 정지승 시인은 정말로 외국에서 온 거대한 거북을 길들여 타고 다닌 걸까요? 물론 한반도에 그런 거대 거북이 살았을 가능성을 완전히 배제할 수는 없습니다. 하지만 그보다는 정지승 시인의 신령스러운 삶을 강조하는 상징으로 거북 이야기가 덧붙여졌을 가능성이 더 높습니다. 정지승은 시를 잘 쓰기로 이름이 높았지만 출세에 뜻을 두지 않고 평생을 산속에 숨어서 도인처럼 살았습니다. 그래서 정지승이 진짜 신선이 되었다고 믿는 사람도 많았지요. 따라서 정지승에게 신선의 이미지를 더하는 장치로 거북을 이용한 것이 아닐까 싶어요. 거북은 예로부터 장수와 부귀의 상징이자 귀하고 신령스러운 존재로 여겨졌으니 말입니다.

육지 동물 가운데
가장 오래 산다고 알려진
알다브라코끼리거북

거북은 어떻게 오래 살까?

거북은 육지 동물 가운데 가장 오래 사는 동물입니다. '세계 최고령 육지 동물' 타이틀을 가지고 있는 거북은 세인트헬레나 섬에 살고 있는 조너선이라는 이름의 거북으로, 알다브라코끼리거북의 친척인 세이셸코끼리거북입니다. 조너선은 1832년에 태어나 지금까지 무려 192년간 살고 있지요.

거북은 어떻게 이렇게 오래 살 수 있을까요? 이에 대해서는 여러 가지 설명이 가능합니다. 첫째로 거북은 단단한 등껍질 때문에 천적이 거의 없습니다. 따라서 다른 동물의 공격을 받아 목숨을 잃을 가능성이 낮지요.

두 번째로 거북은 심장박동과 호흡 횟수가 적고, 신진대사도 느린 편입니다. 일반적으로 몸집이 작고 심장박동이 빠른 동물은 수명이 짧고, 몸집이 크고 심장박동이 느린 동물은 수명이 길다고 합니다.

세 번째로 최근에 밝혀진 연구 성과에 의하면 거북은 암으로부터 몸을 지키는, 특수한 세포 방어 시스템을 갖추고 있다고 합니다. 어쩌면 이런 거북 연구를 통해 인간도 장수의 혜택을 누릴 수 있지 않을까요?

호기심 과학 Q&A

거북보다 오래 사는 동물이 있나요?

홍해파리는 생존에 불리해지면 몸을 뒤집어 어린 시절로 돌아가는 방식으로 삶을 이어간다고 합니다.

육지 동물 중에는 거북이 가장 오래 살지만, 바다 동물들 중에는 거북보다 수명이 긴 동물이 많습니다.
지구에서 가장 오래 사는 포유류라고 밝혀진 북극고래는 정확한 수명이 밝혀지지 않았지만 일반적으로 100년 이상, 길게는 200년 이상 생존하는 것으로 알려졌어요.
북극과 북대서양 깊은 바다에 사는 그린란드상어는 척추동물 가운데 가장 오래 삽니다. 덴마크 연구진의 연구에 따르면 그린란드상어는 적어도 270년 이상 생존하며, 지금껏 알려진 최장수 그린란드상어는 대략 392살로 추정된다고 해요.
이 밖에도 붉은 성게, 북대서양대합, 긴가지해송 등이 대표적인 장수 동물로 밝혀졌으며 홍해파리는 이론상 영생이 가능하다고 합니다.

가장 큰 거북은 얼마만큼 자랄 수 있나요?

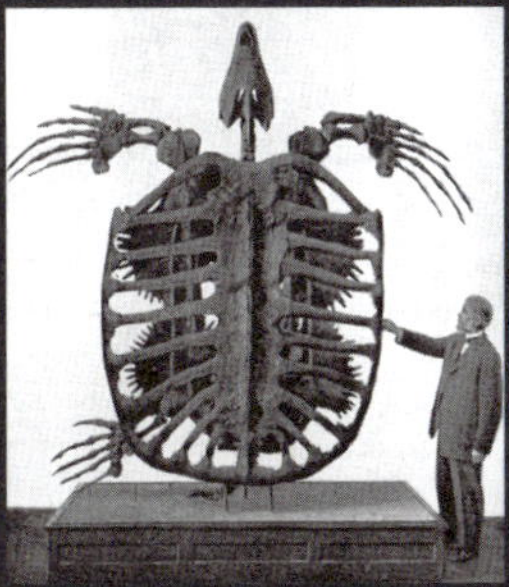

살아 있는 거북 중에서 가장 큰 종은 바다에 사는 장수거북입니다. 장수거북은 등껍데기 길이만 최대 2.5미터, 체중은 800킬로그램까지 나간다고 하지요.

약 8000만 년 전에 살았던 원시 거북 아르켈론은 길이가 4미터를 넘고 가로 폭은 무려 5미터에 가까웠다고 합니다.

사건 파일 6 생사귀

죽음을 예고하는 뿔 달린 저승사자

"여러분, 어젯밤에 안타까운 일이 있었어요. 부반장 현진이가 교통사고를 당해서 당분간 학교에 나오지 못하게 됐어요. 현진이가 힘낼 수 있도록 여러분이 응원의 문자도 하고, 가능한 친구들은 병문안도 가 주길 바라요."

종례 시간, 담임 선생님의 말씀에 6학년 3반 아이들이 술렁였다. 다희는 팔짱을 낀 채 부반장 안현진에 대해 생각했다.

'그리 친하진 않았지만 그래도 밝고 괜찮은 애였는데 사고가 났다니…….'

빨리 나으라고 문자라도 보내야겠다고 생각하는데 뒤편에서 아이들 몇 명이 겁에 질린 채 속닥이는 소리가 들렸다.

"어떡해……. 현진이도 생사귀 본 거 맞지?"

"이러다 현진이 잘못되면 어떡해? 그다음은 내 차례 아냐?"

아이들의 소곤거림에 다희는 귀를 쫑긋 세웠다.

'생사귀? 다음은 내 차례? 이게 다 무슨 말이람?'

사건의 냄새를 맡은 다희는 하교 종이 울리고 집에 돌아가려는 아이들을 붙잡았다.

"저기……."

"응?"

아이들이 의아한 표정으로 다희를 쳐다보았다. 다희는 평소에 조용히 책만 읽는 아이였기 때문이다. 친구를 사귀려 하지도, 다른 아이에게 말을 거는 일도 거의 없었다. 그런 다희가 갑자기 말을 거니 아이들은 조금 놀란 듯했다.

“아까 현진이 다쳤다는 말할 때, 너희들이 생사귀 이야기하는 걸 들었는데…….”

“헉! 너도 생사귀 봤어?”

생사귀라는 단어에 아이들의 표정이 달라졌다. 다들 하얗게 질려서 안절부절 어쩔 줄 몰라 했다.

‘도대체 무슨 일이 있는 걸까? 현진이의 교통사고와 생사귀는 대체 무슨 관계지?’

조금 더 자세한 이야기를 들어 봐야 할 것 같았다. 다희는 아이들을 운동장 한쪽의 스탠드로 이끌었다.

"생사귀는 슈퍼 레전드 판타지아에 나오는 괴물이야."

아이들 중 하나가 말했다. 다희는 그 말을 듣고 고개를 갸웃했다. 슈퍼 레전드 판타지아. 아이들 사이에서 인기 있는 휴대폰 게임의 이름이었다. 게임에 관심 없는 다희는 하지 않았지만, 초등학생 다섯 명 중 세 명이 빠져 있을 만큼 유행하는 게임이었다.

"슈퍼 레전드 판타지아? 휴대폰 게임 말하는 거야? 거기에 나오는 몬스터라고?"

"맞아. 그거 맞는데…… 게임 몬스터는 아니야. 근데 거기 나오는 괴물은 맞아."

"응? 그게 무슨 소리야? 게임 몬스터는 아닌데 거기 나오는 괴물이라니? 이해를 못 하겠어."

"그게……."

여자애 한 명이 울먹이는 목소리로 자세한 이야기를 털어놓았다.

생사귀, 그건 슈퍼 레전드 판타지아를 하는 아이 중 일부에게 나타난 괴물이었다. 그 아이들 이야기에 따르면, 밤늦게까지 게임을 할 때면 갑자기 게임이 꺼지면서 화면에 무시무시한 괴물 형상이 뜬다는 것이다. 머리부터 발끝까지 온통 검은색이고 머리에 다섯 갈래 뿔이 돋아 꼭 악마처럼 보이는 데다 싸늘한 목소리로 이렇게 속삭인다고 했다.

내 이름은 생사귀. 너를 지옥으로 끌고 갈 것이다.

네 운명은 내 손 안에 있다! 캬캬캬캬캬!

겁에 질린 아이들이 부모님께 사실을 이야기해도 그때는 이미 생사귀가 사라진 뒤라 증명할 방법이 없었다. 게다가 부모님들은 아이들의 이야기를 진지하게 듣기는커녕 잠잘 시간에 게임을 하니 헛것을 본 거라며 화를 내기 일쑤였다.

몇몇 아이들이 게임 회사에도 문의했지만 자기네는 그런 이미지를 넣은 적이 없다며, "미성년자는 게임 시간을 줄일 것"이라고 할 뿐이었다.

부모님도 게임 회사도 도와주지 않자 생사귀를 본 아이들은 두려움에 떨며 게임을 지웠다. 그런데도 일은 끝나지 않았다. 게임을 지우면 생사귀는 더 자주 나타나 아이들을 괴롭혔다. 잠이 들기 직전 생사귀의 소름 끼치는 목소리가 들리기도 했고, 밤중에 갑자기 휴대폰이 켜지면서 생사귀가 깔깔 웃는 모습이 재생되기도 했다. 심지어는 꿈속에까지 찾아와 아이들을 괴롭혔다.

현진이도 생사귀의 괴롭힘을 받는 아이 중 한 명이었다. 유달리 겁이 많았던 현진이는 결국 지옥으로 끌고 가겠다는 생사귀의 저주처럼 사고를 당하고 만 것이다.

아이들의 이야기를 들은 다희는 괴물 팀이 이 문제를 맡아야 한다고 생각했다. 생사귀로 인한 아이들의 고통이 너무나도 컸기 때

뿔 달린 저승사자 사건

사건 개요

슈퍼 레전드 판타지아라는 게임을 하는 어린이에게 생사귀라고 하는 저승사자가 나타나 죽음을 예고하며 어린이들을 공포에 빠뜨림.

제보 내용

- 열두 시쯤 됐나? 아무튼 중간 보스를 잡기 직전이었어요. 그거 잡으려고 며칠 밤을 샜는데……. 아무튼 그때 그게 나왔어요. 머리에 뿔 달린 새까만 괴물이요. 그게 저는 이제 죽는다고 했어요. 제 목숨은 자기 거라고. 엄마가 생각하지 말라고 했는데……. 계속 그 소름 끼치는 목소리가 들려요.
- 꼭 저주받은 인형 같아요. 아무리 버려도 다시 돌아오는 인형 있잖아요. 게임 앱도 지워 보고 핸드폰도 꺼 놨는데 아무 소용없어요. 생사귀에게 완전히 잡힌 거예요. 저 이제 어떡해요? 저 정말 죽어요?

Sign in

Password

••••••

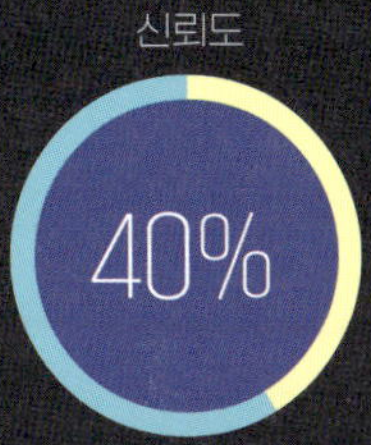

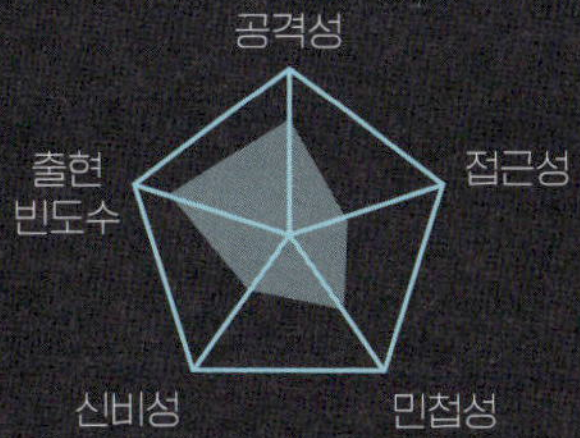

피해자

◆ 안현진 양(13세, 초등학생)

생사귀를 본 후 3일 넘게 잠을 설쳐 멍한 상태로 길을 걷다가 맞은편에서 천천히 다가오는 차를 피하지 못하고 부딪힘. 팔과 다리에 전치 5주 정도의 부상을 입음.

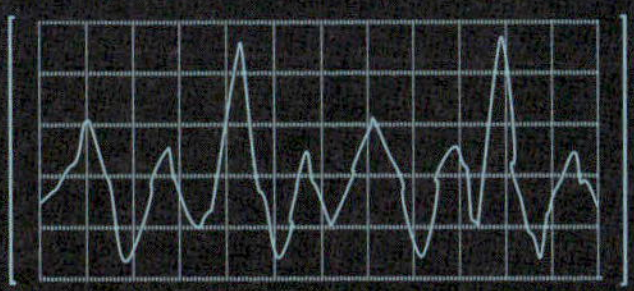

문이다. 다희는 아영에게 사건에 대해 알리기 전에 부반장 안현진에게 먼저 전화를 걸었다.

"현진아. 나 다희야, 박다희."

현진이는 다희의 갑작스런 전화에 놀란 듯했지만, 곧 가라앉은 목소리로 감사의 말을 전했다.

아. 사고 때문에 전화 준 거야? 고마워…….

"응. 그런데 너 사고 당하기 전에 생사귀 봤다는 게 사실이야?"

다희는 위로는 나중으로 미루고 곧장 본론으로 들어갔다. 생사귀 이야기가 나오자마자 수화기 너머 현진이의 상태가 이상해졌다.

으, 으으으으…….

현진이는 목에 무언가 걸린 것 같은 신음을 내더니, 곧 흥분한 목소리로 비명을 지르기 시작했다.

안 돼! 난 죽고 말 거야. 무서워, 무서워, 너무너무 무서워. 생사귀, 생사귀가 오고 있어! 아악, 아아아아악!

다희는 그런 현진이의 모습에 당황했지만, 곧 차분한 목소리로 소리치며 현진이를 진정시켰다.

"안현진, 안현진! 진정해! 진정하라고!"

으흑, 흐흑흑…….

아아! 무서워, 무서워…….

다희가 몇 번이고 진정하라고 하자 현진이도 어느 정도 마음을 추슬렀다. 현진이의 숨소리가 안정된 걸 확인한 다희는 단호한 목소리로 말했다.

"정신 똑바로 차려야 해. 이 세상에 생사귀 같은 건 없어. 누군가 아이들을 겁주기 위해 비열한 장난질을 하는 것뿐이야. 걱정하지 마. 생사귀는 너를 해치지 못해. 왜냐하면 내가 생사귀의 정체를 밝히고 법의 심판을 받게 할 테니까."

다희의 확신에 찬 목소리에 현진은 떨리는 목소리로 물었다.

정말? 정말 나를 해치지 못할까? 다희야. 약속해 줄 수 있어? 나 죽지 않게 해 주겠다고?

"그래, 약속할게. 넌 걱정하지 말고 회복에나 집중해."

응…… 고마워, 정말 고마워…….

현진은 다희에게 몇 번이고 감사 인사를 했다. 다희는 곧바로 아영에게 전화를 걸었다. 괴물을 앞세워 어린이들을 위협하는 범죄자에게 본때를 보여 줘야 할 시간이었다.

다희의 보고를 듣고 괴물 팀은 바로 생사귀 사건에 착수했다. 하지만 조사는 좀처럼 진척을 보이지 않았다.

이른 아침, 다희는 아침부터 소파에 앉아 휴대폰 게임을 했다. 생사귀가 나온다는 문제의 게임, 슈퍼 레전드 판타지아였다. 게임을 시작한 지 닷새째인데도, 다희의 휴대폰엔 생사귀는커녕 생사귀 그림자도 비치지 않았다.

“이상해! 내 휴대폰엔 왜 생사귀가 나오지 않지? 대체 뭐가 다른 거지?”

답답한 마음에 다희는 애꿎은 휴대폰만 퍽퍽 두드렸다. 게임에 몰두한 건 다희만이 아니었다. 막 방에서 나온 아영의 얼굴이 무척이나 수척했다. 밤새 게임을 했는지 눈 밑에 시커먼 그늘이 한 뼘이나 져 있었다. 아영은 졸려서 비틀거리며 말했다.

“그러게요……. 저도 밤새 게임했는데 생사귀를 보기는커녕 현금 결제만 수십만 원어치 했어요.”

"밤을 샜다고요? 낮에 조사는 어쩌려고요. 게다가 수십만 원이요? 그거 계획적인 소비 맞아요?"

아영의 갑작스러운 지출 고백에 다희가 놀라 다그쳤다. 그 소리에 아영은 아차, 하더니 곧 기죽은 목소리로 변명했다.

"아니, 자료 조사를 위해 한 거죠. 알다시피 이 게임은 돈을 안 쓰면 플레이 시간에 제한이 있잖아요. 좋은 캐릭터나 무기를 못 얻으면 퀘스트 깨기도 어렵고요."

그제야 다희는 아영이 왜 그렇게 많은 돈을 썼는지 이해할 수 있었다. 슈퍼 레전드 판타지아는 초등학생을 대상으로 만든 게임인데도 결제 유도가 아주 심했다. 아영의 말처럼 한 번에 플레이할 수 있는 시간이 정해져 있어서 그 시간을 다 쓴 뒤에는 5시간이나 기다려야 게임을 다시 할 수 있었다. 아이들의 게임 중독을 막는다는 취지였지만 게임 안에서 비싼 보석을 사면 대기 시간 없이 게임할 수 있었다.

좋은 무기나 캐릭터를 얻는 것도 하늘의 별 따기여서 돈을 쓰지 않으면 다음 단계로 넘어가는 데 시간이 많이 들었다. 그러니 게임을 계속하려면 아영처럼 현금 결제를 해야 했다.

그래서 다희는 대기 시간이 끝날 때마다 알람이 울리도록 설정해 두고 5시간마다 한 번씩 게임을 했다. 그 사실을 생각하니 다희에게 의문점 하나가 생겼다.

피해를 본 아이들은 모두 늦은 밤까지 게임을 하다가 생사귀를 봤다. 그 애들은 대체 무슨 돈으로 늦게까지 게임을 한 걸까? 이 게임은 30분 정도 하고 나면 5시간이나 기다려야 하는데……. 돈을 쓰지 않으면 게임을 이어 갈 수 없었을 텐데 말이다.

특히 사고로 입원한 현진이는 씀씀이가 크지 않은 아이였다. 용돈이 적어 친구들이 편의점에 가자고 해도 자주 빠졌고, 가끔은 준비물을 사지 않고 옆 반 친구에게 빌리기도 했다. 현진이가 먼저 뭘 사 주겠다고 하는 일은 당연히 없었다. 그래서 같은 반 친구 중에는 부반장씩이나 돼서 쪼잔하다고 수군대는 아이도 있었다.

그랬던 안현진이 이렇게 돈이 많이 드는 게임을 늦은 밤까지 할 수 있을 리가 없었다. 무언가 이상했다. 다희는 반에서 또 생사귀를 보았다는 아이에게 전화를 걸었다.

"있잖아, 너희는 어떻게 이 게임을 늦게까지 할 수 있었어? 이거 시간 제한 있잖아. 시간 제한 푸는 보석을 그만큼 산 거야?"

아니. 그럴 리가 있냐? 돈이 어디 있다고. 인터넷에 보면 게임 핵 있어.

그거 받으면 보석을 무한으로 바꿀 수 있거든. 약간 불법 같긴 한데 그거 없으면 플레이 못 해.

"혹시…… 생사귀 본 애들, 전부 그 게임 핵 깔았던 거 아냐?"

뭐? 게임 핵?

"생각해 봐. 나도 그렇고 나랑 친한 언니도 5일 넘게 하루 종일 그 게임만 했거든. 근데 생사귀는 코빼기도 못 봤어. 너희하고 우리의 차이는 게임 핵밖에 없어."

헉! 그런가? 그러고 보니…….

그제야 사건의 실마리가 풀리기 시작했다. 게임을 하는 아이 가운데 일부만 생사귀를 본 것도, 게임을 만든 회사에서 원인을 찾기는커녕 생사귀의 존재조차 모르는 것도. 문제는 아이들이 불법 게임 핵을 받은 데서 시작됐던 것이다. 게임 핵 개발자가 해킹 프로그램으로 바이러스를 심어서 아이들 핸드폰에 생사귀가 뜨게 한 게 틀림없었다.

"내가 특별수사청에 연락해 볼게. 나랑 친한 언니가 거기 수사관이거든. 생사귀를 본 애들은 전부 휴대폰을 제출하라고 해 줘. 휴대폰을 조사하면 생사귀가 나타나는 게 정말 그 게임 핵 때문인지 아닌지 알 수 있을 거야."

응. 알았어. 애들한테 전달할게.

전화를 끊은 다희는 아영과 함께 인터넷에서 게임 핵 다운로드 사이트를 찾아보았다. 친구들이 말했던 게임 핵은 초등학생만 가입할 수 있게 연령 제한이 걸린 카페에서 은밀하게 공유되고 있었다. 그리고 그 카페의 자유 게시판에는 생사귀를 봤다는 아이들의 고민 글이 가득했다. 아이들은 여기에서 생사귀에 대한 정보를 공유하고 있었다.

생사귀의 본거지는 바다 아주 깊은 곳, 상상할 수 없을 만큼 깊고 깊은 곳이래요.

생사귀에겐 《조선국인명총록책》이라는 책이 있는데 그 책에는 모든 사람의 생사와 운명이 다 기록되어 있대요. 아무리 발버둥 쳐도 거기 적힌 대로 죽을 수밖에 없대요.

생사귀에 대한 기록은 《조선왕조실록》에도 나온대요. 어른들은 생사귀가 망상이고 꿈이라고 하지만 절대 꿈이 아닌 거죠. 생사귀는 조선 시대부터 있었던 귀신이라고요.

겁에 질린 아이들의 글 가운데 눈에 띄는 글이 하나 있었다. 바로 다희와 아영에 대한 글이었다.

여러분! 이제 우리 살았어요! 특별수사청 괴물 팀에서 생사귀 사건을 맡았대요!

'언론에 공개된 것도 아닌데 어떻게 알았지?'

다희가 놀라서 클릭해 보니 게시자가 다희 반 친구인 모양이었다. 그 아이는 자기 반 친구가 도와줘서 특별수사청이 이 사건에 개입했으며 생사귀도 곧 잡힐 것이라고 희망적인 글을 썼다. 의외인 건 카페 회원들의 반응이었다.

아무 소용없어요. 생사귀가 《조선국인명총록책》을 가지고 있잖아요? 생사귀는 이미 수사 들어간 것도 다 알고 있다고요.

맞아요. 아무리 뛰어난 수사관이라도 운명은 이길 수 없어요. 어차피 우린 생사귀한테 다 죽을 거예요.

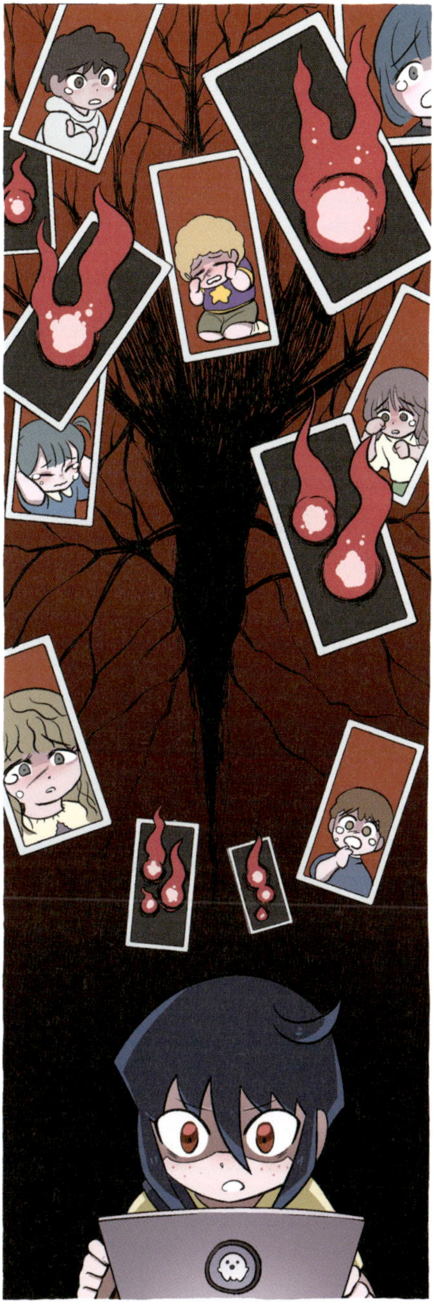

자기들은 다 죽을 운명이라며 한 톨 희망도 가지지 못하는 모습이 너무 안타까웠다. 두 사람은 무슨 수를 써서라도 생사귀 영상을 퍼뜨린 악당을 잡아 아이들에게 정해진 운명 따위는 없다는 걸 보여 주고 싶었다.

이틀 뒤 최기원에게서 연락이 왔다. 피해자들의 휴대폰을 조사한 결과 생사귀의 정체가 밝혀진 것이다. 예상대로 생사귀는 진짜 귀신이 아니라 게임 핵과 함께 깔린 휴대폰 바이러스였다.

바이러스 제작자는 휴대폰 카메라 기능으로 아이들을 감시하다가 아이들이 잠들기 직전이나 얕은 잠에 빠졌을 때 생사귀 영상이 재생되도록 프로그래밍 했다. 늦은 밤 휴대폰을 만지던 아이들이 생사귀를 더 자주 목격하고 꿈에서도 생사귀에게 괴롭힘 당한 것은 그 때문이었다.

게임 핵 프로그램을 추적해 보니 슈퍼 레전드 판타지아의 인기만큼이나 게임 핵을 받은 아이들의 수도 상당했다. 적지 않은 아이들이 생사귀 공포에 밤잠을 설치며 괴로워했고, 그중 우연히 사고를 당하는 아이들이 생겨나면서 생사귀에 대한 공포감이 확산된 것이다. 현진이도 그런 경우였다. 피해가 커지기 전에 다희가 알아차린 것이 정말 다행이었다.

사건의 전말을 알게 된 다희와 아영은 이 바이러스 제작자에 대한 분노로 흥분해서 기원에게 질문을 쏟아 냈다.

"기원 아저씨, 그래서요? 바이러스 제작자의 정체는 알아냈나요?"

"어디에 있죠? 알려만 주세요! 제가 당장 가서 체포하겠어요!"

알아내긴 했지만……. 놀라지 마세요. 그 제작자의 정체는…….

기원은 잠깐 뜸을 들이다 털어놓았다.

몇 달 전 세계 음식 축제에서 사스 바이러스를 퍼뜨리려던 빨간 도깨비였어요.

"세상에!"

그 범죄자는 지금 인천의 한 섬에 있어요. 거기에 기지를 세우고 생사귀 바이러스를 만들어 뿌린 거죠. 안 그래도 지금 특수 부대가 두 사람을 데리러 가고 있어요. 아영 씨, 그들과 함께 그 범죄자를 체포해 오세요.

"네! 걱정 마요."

기원과의 통화가 끝나자마자 아영은 총과 실탄, 공포탄과 가스탄 등을 챙겼다. 다희 또한 작은 가방에 호신용 가스 분사기와 호루라기를 챙겨 넣었다. 아영은 그런 다희를 복잡 미묘한 눈으로 바라봤다.

"다희 님……. 이건 더 이상 괴물 사건이 아니니 다희 님은 쫓아오면 안 되는 거 알죠?"

"아……."

지난번에도 아영은 같은 이유를 대며 사스 바이러스가 살포될 뻔했던 세계 음식 축제에 다희를 데려가지 않았다. 물론 다희는 아영 몰래 쫓아갔고, 결과적으로 빨간 도깨비의 계획을 저지하는 데 큰 공을 세웠다. 그런데도 아영은 다희가 집에 있었으면 하는 눈치였다. 아영의 마음을 알면서도 다희는 고집을 부렸다.

"하지만, 언니……. 나도 괴물 팀이에요. 비록 정식 수사관은 아니지만 그래도 언니랑 같은 팀이라고요."

"……."

다희의 간절한 호소에 아영의 눈동자가 흔들렸다. 아영은 잠시 망설였지만 결국 다희를 향해 고개를 끄덕였다.

"그러면 위험한 일은 절대 하면 안 돼요."

"네!"

빵! 빵!

창밖에서 자동차 경적 소리가 들렸다. 특수 부대가 도착한 모양이었다. 다희와 아영은 서로를 절실한 눈빛으로 쳐다본 뒤 밖으로 뛰쳐나갔다.

다희와 아영이 작은 배를 타고 빨간 도깨비의 기지에 도착했을 때에는 해경이 이미 도깨비를 둥글게 에워싼 채 맞서 버티고 있었다.

모터보트 조종석에 선 도깨비는 해경의 포위를 뚫고 도망치려고 호시탐탐 기회를 노렸다. 하지만 해경이 포위망을 좁혀 오자 도깨비는 더이상 도망칠 곳이 없었다. 결국 빨간 도깨비는 모터보트 바닥에 있던 커다란 기관총을 들고 해경을 향해 겨누었다.

그 모습을 본 아영이 순식간에 총을 꺼내 빨간 도깨비를 조준했다.

"무기를 버려! 그러지 않으

면 발포한다!"

"싫어!"

"마지막 경고다! 당장 무기를 버려!"

평소의 유순한 모습은 온데간데없이, 아영은 천둥 같은 불호령을 내질렀다. 그 기세에 도깨비도 잠깐 움찔하는 듯했다. 그런 것도 잠시 뿐, 도깨비는 곧 자존심 상한다는 듯 짜증스럽게 외쳤다.

"큭, 지구의 해충 주제에……. 나한테 명령하지 마!"

도깨비는 그대로 아영을 향해 방아쇠를 당기려 했다. 그러나 아영이 그보다 더 빨랐다.

탕!

단 한 번의 깔끔한 총소리와 함께, 빨간 도깨비가 들고 있던 기관총이 하늘을 날았다. 기관총은 그대로 풍덩 바다에 빠졌다. 도깨비는 상처 입은 오른손을 붙잡고, 아영을 향해 분해 죽겠다는 듯 울부짖었다.

으아아악! 으아아악!

빨간 도깨비가 난동을 부리며 발을 구르는 순간, 모터보트에서 갑자기 하얀 연기가 뿜어져 나왔다.

"아차!"

해경과 아영이 안타까워하며 혀를 찼다. 아마도 이런 순간에 대비해 모터보트 아래쪽에 발길질을 하면 터지는 연막탄을 설치해 둔 모양이었다. 사방을 가리는 엄청난 양의 연기 속에서 도깨비의 울분에 찬 외침이 들려왔다.

"너희에겐 잡히지 않는다! 죽는다 해도!"

곧 무언가 묵직한 것이 바다에 빠지는 소리가 들렸다. 거센 바닷바람이 금세 연기를 날려 보냈지만, 빨간 도깨비의 모습은 어디에도 보이지 않았다. 바다에 몸을 던진 모양이었다.

다희는 텅 빈 모터보트를 보며 씁쓸한 목소리로 물었다.

으아아악!
너희에겐 잡히지 않는다!
절대로!

"언니……. 잠수 장비도 없이 이런 바다 한가운데에서 살아남을 순 없겠죠?"

"아마도요……. 하지만 그동안 보여 줬던 지독한 모습을 생각하면 언젠가 살아 돌아온대도 이상하진 않을 것 같네요."

조금 전의 소란 따위는 안중에도 없다는 듯, 바다는 다시 평화롭고 아름다운 모습으로 돌아갔다. 그러나 저 바다 깊은 곳엔 아직도 무시무시한 악당이 헤엄치고 있을지 몰랐다.

해경과 특수 부대, 특별수사청이 함께 빨간 도깨비의 기지를 수색했다. 거기에 남은 자료로 도깨비가 왜 어린이들의 휴대폰에 바이러스를 심었는지 알 수 있었다. 도깨비는 무시무시한 생사귀 영상과 《조선국인명총록책》에 적혀 있다는 운명 이야기로, 어린이들의 마음속에 생사귀에 대한 공포를 심어 주어 아이들을 마음대로 조종하려고 했다. 다행히 그 계획은 괴물팀의 활약으로 막을 수 있었다. 공포에 떨던 어린이들도 사건이 해결됐다는 소식을 듣고 죽음의 공포에서 벗어날 수 있었다.

느긋한 주말, 아영과 다희는 소파에 앉아 사건 이후의 일에 대해 이야기를 나누었다.

"다희 님, 이런 일이 또 일어나는 걸 막으려고 특별수사청에서 전국의 어린이와 청소년에게 '슬기로운 게임 생활' 교육을 한대요."

"누구나 게임 핵 같은 것에 흔들릴 수 있지만 그러면 이렇게 무서운 휴대폰 바이러스에 노출될 수 있다는 걸 알려야겠죠."

아영은 흐뭇한 표정으로 다희를 보다가 갑자기 떠올랐다는 듯 소파 팔걸이에 있는 봉투를 뜯어 보았다. 곧 움찔, 무언가에 찔린 듯한 소리를 냈다.

"아앗……. 카드값이……."

아영의 놀란 목소리에 다희의 눈빛이 날카롭게 변했다.

"얼마나 나왔는데요?"

"비, 비밀이에요!"

필사적으로 카드 고지서를 숨기려는 아영의 모습에 다희의 눈이 점점 세모꼴로 변했다.

"슈퍼 레전드 판타지아 때문이죠? 어휴! 그러니까 현금 결제 조금만 하라고 했잖아요!"

"으앙, 몰라요! 많이 안 한 것 같은데. 어느새 이렇게 써 버렸지?"

"아이, 언니!"

두 사람은 카드 고지서를 두고 옥신각신했다. 그 누가 알까? 생사귀 바이러스 사건을 해결한 두 영웅이 고작 카드 고지서 한 장을 두고 이렇게 투닥댈지. 소란도 잠시뿐 두 사람의 집엔 늘 그랬듯 부드럽고 평화로운 행복의 기운이 감돌았다.

죽음을 예고하는 뿔 달린 저승사자가 있다?

조선 사람들을 떨게 한 죽음의 전령, 생사귀

《조선왕조실록》에는 온몸이 검고 머리에 다섯 갈래 뿔이 달린 저승사자, 생사귀에 대한 기록이 있습니다. 생사귀는 머나먼 서천 불국 세계 바닷속에 사는 검물덕의 아들로, 조선 사람들의 수명과 운명이 담긴 책인 《조선국인명총록책》을 가지고 다니며 수명이 다 된 사람을 저승으로 끌고 가는 역할을 한다고 합니다.

조선의 공식 국가 기록인 《조선왕조실록》에 어째서 이런 이야기가 실렸을까요? 사실 이 기록은 생사귀 이야기를 퍼뜨려 사람들을 공포에 떨게 한 이결이라는 사람을 벌주어야 한다는 상소의 일부입니다. 즉 조선의 관리들은 생사귀 이야기를 지어낸 이야기로 생각했다는 뜻이지요. 하지만 죽은 사람을 저승으로 인도하는 저승사자 이야기는 아주 오래 전부터 전해 내려온 무속 신앙입니다. 한국의 전통 신앙에 중국을 거쳐 전래된 불교와 고대 인도 신화가 섞여서 만들어진 것이지요.

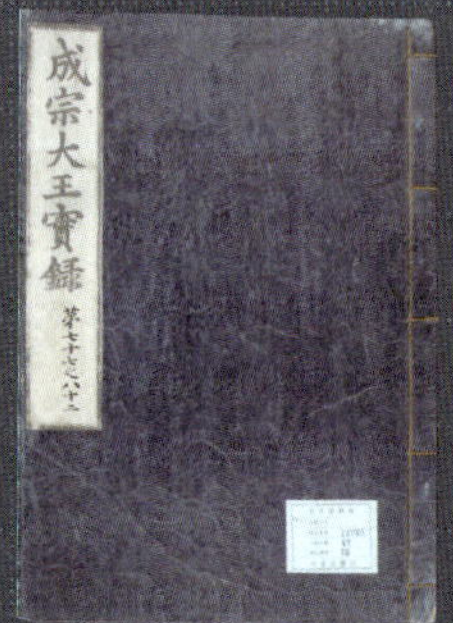

성종실록 10권, 성종 2년 4월 27일
검물덕이 낳은 남자아이는 그 이름을 생사귀라 하고, 그 머리와 몸은 흑색이다. 그 뿔은 다섯 가지로 갈라져 나왔으며, 이 남자아이가 조선 사람의 생사대명(生死大命)을 가지고 있다. 이 귀신이 궐내에 들어오지 못하게 하려면 마땅히 뿔이 여덟 가지를 친 사슴뿔, 검은 여우 머리, 큰 멧돼지 이빨을 궐내 사방에 묻어야 한다.

흥미로운 점은 저승사자의 이미지가 시대에 따라 달라졌다는 것인데요. 불교의 영향이 강했던 고려 시대 이전까지는 저승사자가 갑옷을 입고 무기를 든 장군의 이미지로 그려졌지만, 유교가 퍼지고 행정력이 중시된 조선 시대부터는 화려한 관복을 입은 하급 공무원처럼 그려졌다고 해요. 우리가 저승사자 하면 떠올리는 검은 두루마기와 갓, 창백한 얼굴과 검은 입술 등은 1970~80년대에 방영되었던 텔레비전 드라마 〈전설의 고향〉에서 만들어진 것이고요. 그렇게 보면 검은 옷을 입은 현대의 저승사자 이미지는 《조선왕조실록》에 기록된 생사귀의 모습과 더 통하는 것 같습니다.

조선 시대에 사찰에 걸었던 지옥의 저승사자 그림.

150여 건에 달하는 사례 연구로 임사 체험의 개념을 만든 레이먼드 무디 박사입니다. 그는 사후 세계를 과학과 심리학 등으로 설명하고자 했습니다.

죽음 이후의 세계를 연구한 과학자들

저승사자가 인도하는 죽음 이후의 세계가 정말로 존재할까요? 만약 있다면 그것을 어떻게 알 수 있을까요? 이와 관련해 죽음을 직접 경험했다고 주장하는 사람들이 있습니다. 죽음에 이르렀다가 다시 살아난, 임사 체험을 했다고 주장하는 사람들이지요. 실제로 1982년에 행해진 갤럽 조사에서는 미국의 임사 체험자가 무려 수백만 명 이상이라는 보고가 있었다고 합니다.

이처럼 많은 사람들이 임사 체험을 주장하면서 1970년대부터 임사 체험에 대한 본격적인 연구가 시작되었습니다. 미국의 정신과 의사 레이먼드 무디가 그 시초인데요. 레이먼드 무디 박사는 1970년대에 조지아 주립 병원에서 일하며 150여 가지의 임사 체험 사례를 수집했습니다. 이를 통해 임사 체험의 공통 요소가 있음을 밝히고 임사 체험 개념을 과학적으로 확립하고자 했지요.

이후 수많은 과학자들이 임사 체험이 일어나는 원인을 과학적으로 밝히는 연구를 진행했어요. 이 연구는 최근까지 진행되어서 조지워싱턴대 라미르 차우라 교수는 임사 체험이 뇌에 산소가 줄어들면서 순간적으로 많은 전기 신호가 발생해서 나타나는 현상이라는 설명을 내놓았습니다.

호기심 과학 Q&A

내가 죽었다는 사실을 알 수 있나요?

심장이 멈추면 혈액 순환이 되지 않고 각 세포에 산소와 영양분을 공급할 수 없게 됩니다. 때문에 장기의 활동이 멈추고 결국 죽게 되지요. 하지만 뇌는 심장이 멈춘 후에도 6분 정도 살아남아 활동해요.

그 예로 심장박동이 완전히 멈추었다가 3분 후 기적적으로 살아난 한 환자는 심장이 멈춰 있을 때 주변에서 했던 말들을 완벽하게 기억했다고 해요. 다시 말해 심장이 멈춘 후에도 뇌는 여전히 작동하기 때문에 자신에게 무슨 일이 일어났는지 알 수 있다는 뜻이지요.

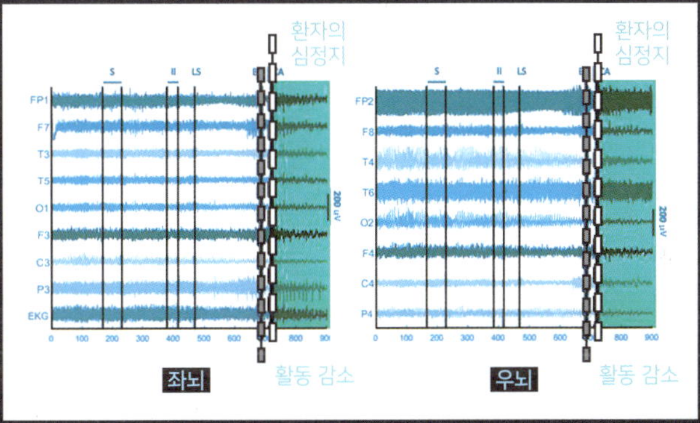

미국 루이빌대 연구에 따르면 죽어 가는 환자의 뇌파를 살펴본 결과 심장박동이 멈추기 직전 뇌파가 약간 감소했다가 심장박동이 멈춘 직후 다시 활성화 되는 것을 확인했다고 합니다.

죽음이 무서운 게 병이 될 수도 있나요?

죽음에 대한 두려움이 일상생활에 지장을 줄 만큼 심각해지면 정신 장애의 하나인 죽음 공포증으로 진단합니다. 죽음 공포증은 우울증과 불안증, 공황 발작과도 관계가 깊은 심각한 질병이에요.

초판 1쇄 발행 2023년 5월 24일
초판 3쇄 발행 2025년 5월 28일

글쓴이 곽재식, 강민정
그린이 박그림
펴낸이 최순영

교양 학습 팀장 김솔미 **편집** 최란경
키즈 디자인 팀장 이수현

펴낸곳 ㈜위즈덤하우스 **출판등록** 2000년 5월 23일 제13-1071호
주소 서울특별시 마포구 양화로 19 합정오피스빌딩 17층
전화 02) 2179-5600 **내용문의** 02) 6748-3802
홈페이지 www.wisdomhouse.co.kr **전자우편** kids@wisdomhouse.co.kr

ISBN 979-11-6812-638-1 74400 · ISBN 979-11-6812-637-4 (세트)

사진 출처
35쪽 출처 - 국회도서관, https://gongu.copyright.or.kr **36쪽** ⓒJJ Harrison, 위키피디아 제공 **36쪽** YouTube 'duncantakeru' **37쪽** ⓒamalavida.tv, 위키피디아 제공 **37쪽** 출처 - 국립생물자원관, https://www.nibr.go.kr **59쪽** 출처 - 규장각한국학연구원, https://kyudb.snu.ac.kr **60쪽** 경북매일신문 제공 **61쪽** ⓒBobisbob, 위키피디아 제공 **61쪽** 출처 - 문화재청 국가문화유산포털 https://www.heritage.go.kr **85쪽** 출처 - 규장각한국학연구원, https://kyudb.snu.ac.kr **85쪽** ⓒ현진오, 위키피디아 제공 **86쪽** 출처 - https://pixabay.com **87쪽** ⓒCRISPR-Cas9 Editing of the Genome, 위키피디아 제공 **87쪽** ⓒGreyson Orlando, 위키피디아 제공 **106쪽** 출처 - 고려대학교 해외한국학자료센터, http://kostma.korea.ac.kr **107쪽** ⓒKENPEI, 위키피디아 제공 **108쪽** ⓒOttomar Anschütz, 위키피디아 제공 **109쪽** 위키피디아 제공 **109쪽** ⓒWingsuiting, 위키피디아 제공 **139쪽** 출처 - 한국민족문화대백과사전, https://encykorea.aks.ac.kr **140쪽** ⓒRufus46, 위키피디아 제공 **140쪽** ⓒCourtesy: National Human Genome Research Institute, 위키피디아 제공 **141쪽** ⓒmuzina shanghai **141쪽** ⓒFrederic A. Lucas, 위키피디아 제공 **172쪽** 위키피디아 제공 **173쪽** 출처 - 국립중앙박물관, https://www.museum.go.kr **174쪽** ⓒEhabich, 위키피디아 제공 **175쪽** 출처 - Raul Vicente(2022, February 2), Enhanced Interplay of Neuronal Coherence and Coupling in the Dying Human Brain, *Frontiers in Noing Neuroscience*